Colección
EMPRENDIMIENTO
Y CRECIMIENTO PERSONAL

Editorial PanHouse.
www.editorialpanhouse.com

Edición general:
Jonathan Somoza
Gerencia general:
Paola Morales
Gerencia editorial
Barbara Carballo
Coordinación editorial:
Bárbara Peña
Edición de contenido:
Yacely Torres
Corrección editorial:
Carolina Acevedo
Corrección ortotipográfica:
Gloria Calvo
Diseño, portada y diagramación:
Aarón Lares

ISBN: 978-980-437-130-1
Depósito legal: DC2022000768

VANESSA MARZÁN TORO

#CONECTA MÁS

HABLA MENOS

Estrategias para **influenciar** más allá de las **palabras**

Pan House

ÍNDICE

DEDICATORIA

Este libro está dedicado a ti, que en este momento me acompañas. Si deseas explorar cómo te has estado comunicando y estás decidido a potencializar tu capacidad de conectar con todos quiero decirte que, definitivamente, estás en el lugar correcto. ¡Felicidades por tomar la decisión de ser una versión mejorada de ti! Por este motivo, te pregunto: ¿cómo te comunicas actualmente? Toma tu tiempo para responder… Ahora, me interesa saber un poco más de ti… ¿qué resultados has obtenido hasta hoy?

Como tu nueva consultora personal de comunicación estratégica es muy importante para mí conocer si la manera en que te has comunicado hasta hoy ha sido realmente efectiva y si está alineada con tus metas personales y profesionales. ¡Estoy aquí para acompañarte! Dime cuáles son los retos que deseas alcanzar, que yo te ayudaré a conquistarlos durante la lectura de cada página.

En realidad no te voy a enseñar a comunicarte con los demás, porque ya posees todas las facultades de lenguaje corporal que te permitirán conectar con cualquier audiencia. ¿Sabías que naciste con ese potencial? Solo voy a ayudarte a redescubrir tales capacidades y habilidades. Desaprender y reaprender serán la clave de tu proceso a través de este viaje que realizaremos juntos.

Si te preguntas qué sucedió para que se viera afectada tu conexión con los demás, con tus clientes, audiencia y público objetivo, la respuesta es que durante el camino dejaste de cultivar esas destrezas. A veces tienes solo una oportunidad para transmitir la percepción adecuada de quién eres. ¡Aprovéchala!

Te voy a enseñar de una manera sencilla pero poderosa, estrategias y herramientas prácticas que realmente funcionan, para que utilices todo tu poder comunicativo. Para ello debes procurar que la manera en que lo hagas se corresponda con tus metas. En este libro te presentaré mis favoritas. Al explorar cada una de sus páginas verás que comunicarse es mucho más que memorizar y verbalizar un mensaje.

¿Sabías que las palabras habladas son un invento muy reciente de la última generación del *Homo sapiens?* Es posible que por esto estés concentrándote solo en el habla y no en todos los elementos que te permiten ser un excelente comunicador. A medida que avances en la lectura aprenderás a apreciar todos estos pequeños pero importantísimos detalles.

Tanto el canal que utilizas, las palabras claves que repites, la manera en que modulas tu voz o cómo diseñas tu apariencia, todo tiene un propósito: comunicar un mensaje y captar la atención de un público específico. Te garantizo que al leer este libro te sentirás una persona empoderada y conocerás tu estilo único para potenciarlo.

Este proceso no se trata de cambiar personas o de fingir ser quien no eres, sino de aprovechar tu esencia y fortalecerla para proyectarte como la persona valiosa y talentosa que eres, solo que no te habías dejado ver. La atención a los detalles es la clave que permitirá que los demás se conecten con lo que deseas transmitirles.

La palabra *comunicar* proviene del latín *comunicare,* que significa 'hacer partícipe al otro de lo que se lleva dentro'. ¡Qué poderosa y simple definición! Tienes tanta experiencia, ideas, soluciones, imaginación y planes dentro de ti… La pregunta es: ¿hablas, o realmente comunicas lo que llevas dentro?

Debes aprender a utilizar la comunicación estratégica para generar impacto. Por ejemplo, cómo hacer para que tu postura, tono de voz y apariencia transmitan credibilidad o cuál es la mejor forma de aprovechar el canal que estás utilizando para proyectar eficazmente lo que quieres comunicar.

En el caso de los mensajes frente a una cámara, puedes aprender a sacar ventaja de algunos detalles concernientes a la iluminación, el uso correcto de los ángulos de la cámara, los ejes de atención del cuerpo, posiciones expansivas, posición del pecho y manos, tener claro lo que el público espera de ti, entre otros.

Aprenderás a valorar todos aquellos detalles que transmiten una idea, un sentimiento, una visión accesible de ti y que te ayudarán a enganchar con tu público. Sin lugar a dudas, la manera como te ven los demás afecta tu vida. A continuación te presento el *hashtag* o etiqueta que me acompaña en todas mis publicaciones: #TodoComunica. Ya sabes por qué cada detalle cuenta al momento de conectar con tu audiencia.

Ahora es el momento de que empieces a proyectar tu imagen alineada con quién eres y cómo quieres que te vean. Evidentemente, la forma en que te comunicas genera una percepción sobre tu persona. Recuerda, soy tu asesora personal y te acompañaré en este proceso. Al final de cada capítulo estaré evaluando tu progreso empleando el *feedback*.

Te invito a recorrer cada una de estas páginas para que puedas: conocer la diferencia entre idioma y lenguaje, descubrir si tu estilo de comunicación se encuentra alineado o no a tus metas, saber cuál es tu marca personal y profesional, dominar técnicas poderosas de lenguaje corporal o leer microexpresiones faciales que te ayudarán a entender el maravilloso arte de expresar tus emociones de forma efectiva frente a un público.

Este es un manual práctico de comunicación estratégica dirigido a emprendedores, ejecutivos de empresas, vendedores, profesionales o a cualquier persona —porque todos tenemos un público—, para que aprendan a comunicarse asertivamente y a conectar con su audiencia de interés.

Este no es un libro técnico, sino interactivo, que incluye una serie de ejercicios prácticos que te ayudarán a potenciar tus destrezas de comunicación. Eres importante y debe ser tu prioridad conocerte para saber lo que otros perciben de ti. Toma esto como una promesa contigo.

Te aseguro que te entiendo. No siempre fui la comunicadora asertiva y segura que sigues en redes sociales. En realidad me considero una introvertida con destrezas de extrovertida. Me tomó años de aprendizaje y práctica salir de mi zona de *confort* y alcanzar mis metas profesionales. ¡Si yo lo logré, tú también puedes!

Sé lo que estás buscando y lo que obtendrás después de leer la última página. Todo el conocimiento que te ofrezco te permitirá definir una estrategia de comunicación única para cada proyecto o audiencia. Solo así lograrás transmitir un concepto e imagen de ti asertivos y alineados con tus metas. En ti está la virtud de ser una persona empoderada que transmite seguridad, fortaleza y confiabilidad al conectar con su entorno.

¡Imagínalo! Tú allí, frente a un gran público, sintiéndote un ser dotado de firmeza y comodidad que toma el control de la situación. No permitas que las circunstancias, el miedo ni las situaciones te dominen, ¡toma las riendas de tu vida! Tienes el poder de establecer una comunicación efectiva para conectar con los demás y ser una «persona influyente». Te invito a sustituir la ansiedad por estrategia.

SOBRE LA AUTORA

Vanessa Marzán Toro es una ejecutiva especialista en el campo de las comunicaciones integradas. Se autodefine como una inversionista social. Actualmente, preside la empresa de comunicación estratégica Comm4Success, y se ha destacado como relacionista profesional licenciada, con más de 20 años de experiencia, brindando orientación estratégica a marcas líderes dentro y fuera de Puerto Rico.

La autora hizo sus estudios universitarios en la Universidad Sagrado Corazón, donde obtuvo el grado de bachillerato en Comunicaciones con especialización en Redacción para Medios. Además, cursó estudios de postgrado a nivel de maestría en Relaciones Internacionales con concentración en Política Europea en la Universidad Complutense de Madrid, España. Entre sus muchos logros se cuentan ser ejecutiva certificada, por la Escuela Diplomática de Madrid, en Protocolo y Ceremonial de Estado, y en Política Latinoamericana por la Universidad de Salamanca, España. También es *coach* internacional en comunicación no verbal y microexpresiones faciales, certificada por la Universidad Corporativa, Fundación Kinesix en España.

Tiene una extensa experiencia en varias juntas de directores, entre ellas: Asociación de Hospitales de Puerto Rico, Hogar de Niñas de Cupey, Asociación de Ejecutivos de Ventas y Mercadeo y el Ejército de Salvación de Puerto Rico. Es directora y fundadora de la organización internacional sin fines de lucro Mujer Emprende Latina y ha sido invitada especial en diversos programas de opinión en medios de comunicación televisiva, como experta en temas de comunicación estratégica, marca personal, estrategias de relaciones públicas, comunicación no verbal, manejo de prensa, proyección ante el público, entre otros.

Vanessa Marzán Toro es miembro permanente del equipo de columnistas de la cadena internacional de noticias CNN, así como del programa de análisis político *Jugando Pelota Dura* de TeleOnce en Puerto Rico y del programa *Día a Día*, de Telemundo Puerto Rico. Esta prestigiosa empresaria tiene un don de creatividad y la capacidad para generar estrategias efectivas de comunicación y relaciones públicas, lo que la han hecho merecedora de múltiples galardones, entre los cuales se destacan: Top Management Award, otorgado por la Asociación de Ejecutivos de Ventas y Mercadeo, el Premio Excel de la Asociación de Relacionistas Profesionales de Puerto Rico y 40 under 40 del periódico de negocios *Caribbean Business*.

COMENTARIOS

«De seguro has escuchado en múltiples ocasiones que la comunicación es la clave del éxito. Así que para ser exitoso en la vida siempre hemos conocido la respuesta. Está en nosotros alcanzarlo. Educarnos en la comunicación verbal y no verbal y sumarnos a una escucha activa. Tu nivel de percepción se elevará, tu empatía se destacará y el éxito lo tienes seguro. ¡Gracias, Vanessa, por ayudarnos en nuestro camino al éxito!».

MÓNIKA CANDELARIA
Periodista Ancla TV

«"Si quieres conocer a alguien no hagas caso de lo que dice sino de lo que calla". Sabias palabras del poeta libanés Khalil Gibrán. Pero ¿cómo conocer lo que alguien calla? La respuesta podría parecer sencilla, pero no lo es. Vanessa Marzán logra abrirnos las puertas al maravilloso y, por qué no, enigmático mundo del lenguaje no verbal. Es ese lenguaje el que nos habla y el que nos comunica lo que las otras personas nos están diciendo más allá de las palabras. Vanessa ha logrado plantar bandera en un área no atendida y subestimada. ¿Cómo lograr un buen negocio, una buena entrevista o, simplemente, conocer a una persona si no entendemos lo que nos dice, si no captamos e interpretamos sus poses, movimientos, miradas, ademanes o expresiones? Vanessa Marzán nos da las respuestas de manera magistral. Luego de leerlas no verás a los demás de la misma forma: los verás y entenderás de la forma correcta. ¡Atrévete a descubrirlo!».

RUBÉN ROMÁN
Productor de noticias/ Televisión

«Como vendedora experta hace más de 20 años, me llena de entusiasmo saber que tenemos esta herramienta para consultar. Habla menos y conecta más. Definitivamente, hace algunos años nos dimos cuenta de que "no vende quien más habla, vende quien más escucha". Ahora bien, luego de tomar un taller con Vanessa comprendí que no solo es escuchar activamente, también se requiere comunicar con claridad el mensaje. Aprendí que los colores que utilizo para vestir, la manera de saludar, el tono de voz, la manera de caminar, también comunican.

La venta se gana o se pierde en los primeros treinta segundos. Sin embargo, cuatro segundos bastan para hacernos una opinión de quien tenemos de frente. El mundo de las ventas es un mundo de comunicación también, para vender se requiere comunicar con claridad, de ahí viene el resultado. Sin duda, Vanessa nos da las herramientas para comunicar con poder y cerrar más ventas».

YAKSANI VENTURA
Experta en ventas y manejo de objeciones
Autora de *No es convencer, es enamorar*

«Conocí a Vanessa Marzán varios años atrás durante un seminario dedicado a mujeres profesionales en la que ambas seríamos oradoras. Para mi suerte, Vanessa me antecedió con un mensaje poderoso y convincente que podría resumir de este modo: "Justo cuando usted se plante ante una audiencia, y antes de que abra la boca, ya habrá comunicado más de la mitad de su mensaje. Es decir, aunque usted no lo haya planificado, el 55 % de la efectividad de su mensaje no dependerá solo de lo que diga, sino de cómo se posiciona gestual y corporalmente para emitirlo".

Confieso que cuando me tocó el turno de dirigirme a la audiencia me sentí algo intimidada con lo dicho por Vanessa. Ya repuesta del susto inicial, controlé mis gestos y puse en ejecución las técnicas aprendidas. Nunca es tarde para cobrar conciencia de que la comunicación es mucho más que palabras. Tu cuerpo es una enorme herramienta de comunicación. Transmite convicción, duda, confianza o inseguridad. Más aún, un buen comunicador requiere de estrategia. Este libro, sin duda, es una gran aportación para todo profesional que aspire a mejorar sus herramientas de comunicación. Vale la pena aprovechar la sabiduría profesional que nos aporta Vanessa Marzán».

YOLANDA VÉLEZ ARCELAY
Periodista

«La comunicación forma parte del ser humano, aunque no siempre tiene que ser verbal. Es importante conocer sus diferentes formas y cómo emplearlas. En este libro se recogen los aspectos principales que debe tener un buen comunicador, desde su aspecto físico, proyección, uso de la voz y el mensaje que se desea llevar. Escrito con sencillez, Vanessa Marzán logra esbozar las mejores técnicas y herramientas existentes para que en una charla, un conversatorio, una entrevista o una disertación el comunicador pueda llevar con claridad y con un vocabulario correcto su mensaje».

LUZ NEREIDA VÉLEZ
Reportera, ancla, especialista en temas
de salud WAPA TV- Noticentro
Conductora del programa radial *Vivir con Salud*, Notiuno

«Vanessa Marzán es una profesional de primera en la industria de las comunicaciones que, a través de sus charlas, talleres, y ahora este ejemplar, nos educa, muestra y motiva a continuar evolucionando como humanos en nuestro desarrollo personal y profesional. Atender y mejorar nuestra comunicación provoca que podamos lograr madurez para una sana convivencia, productividad en los negocios, relaciones saludables, entendernos como individuo y comprender qué dice nuestro cuerpo más allá de emitir unas palabras. En este libro y en todas sus participaciones, Vanessa sostiene el tema de la comunicación con experiencias, testimonios, técnicas, ejercicios y estadísticas, lo que eleva su nivel de conocimiento y valida una interacción efectiva con su público y todos en su entorno. Definitivamente, como profesionales, invertir en nuestra educación y comunicación con otros grandes profesionales como Vanessa debe ser parte de las iniciativas más acertivas para convertirnos en líderes de opinión.

¡Enhorabuena! ¡Un abrazo y la mejor vibra!».

NORELIZ LATORRE
CEO LaTorre Media Group LLC
Productora y estratega
Presentadora de TV, actriz,
coach de vida y locutora comercial

«Este libro se presenta como una guía útil de estrategias y recomendaciones para lograr una comunicación fluida y puntual. En la era de la multiplicidad de canales de comunicación y de la inmediatez masificada que representan los medios digitales, se hace urgente rediseñar los objetivos y estrategias de comunicación para individuos y/o empresas a fin de poder destacarse exitosamente en los mercados y *stakeholders*. La colega Vanessa Marzán educa de forma práctica y sencilla sobre las técnicas de la comunicación verbal y no verbal para lograr integrarlas en la construcción de marcas personales, *branding*, y así robustecer su posicionamiento efectivamente. ¡Felicitaciones!».

KAREN GARNIK
APR. Presidenta Global Vision
Marketing & Communications
Presidenta Asociación Relacionistas
Profesionales de Puerto Rico 2020

«Una vez más, nos llegan noticias extraordinarias de Vanessa Marzán. En momentos en que la comunicación se hace indispensable para posibilitarlo y conectarlo todo, Vanessa nos regala de su talento, de su formación, de su lírica y de su liderato inequívoco de opinión. Vanessa, con quien las causalidades nos han unido como colegas en el *coaching* y como parte del *alumni* de nuestra Universidad Complutense de Madrid, expone por escrito en esta extraordinaria publicación, y de manera clara y pedagógica, lo que ha expresado alto y claro con su poderosa voz por más de

20 años. Recibo, apoyo y promuevo con entusiasmo, agradecimiento y gratitud el lanzamiento de esta joya en letras, que nos expone con maestría y dominio sobre la ciencia de la comunicación, dentro de las dimensiones del lenguaje, del mensaje y de la marca. Enhorabuena Vanessa, por la cristalización de *Habla menos conecta más*».

LCDO. VÍCTOR RIVERA HERNÁNDEZ
Abogado, profesor universitario y presidente de
Grupo Erantonio & amp. Asociados, Corp.

«A Vanessa la conozco hace muchos años porque ha sido una colaboradora muy efectiva en los medios de comunicación. Ella es ese recurso que, por ejemplo, nos logra descifrar el lenguaje corporal de un político que protagoniza un escándalo y opta por no emitir declaraciones. Ese silencio ella logra desentrañarlo e interpretarlo a través de sus conocimientos y nos demuestra que la comunicación no verbal nos habla, porque refleja la expresión más cercana a los sentimientos de las personas. Me alegra muchísimo que plasme su conocimiento en un libro, porque sus herramientas y estrategias de comunicación pueden potenciar a cualquier profesional o emprendedor que las ponga en práctica».

ZUGEY LAMELA
Periodista Ancla Televisión

«Me parece que el libro *Habla menos, conecta más* viene a ocupar un campo que discurre de manera silvestre entre los que intentamos comunicar con intensidad y con la menor cantidad de prejuicios posibles nuestra historia social diaria. Me parece que la compañera y amiga Vanessa Marzán, con su experiencia de vida, nos regala claves necesarias que posiblemente nos faltan para comunicar con armonía y precisión esa historia que queremos contar. ¡Gracias por no detenerte comunicadora valiosa!».

MARGARITA APONTE
Periodista de televisión

«Demasiados sueños no se materializan por deficiencias en la comunicación. Vanessa Marzán Toro no solo provee en este libro herramientas prácticas para una marca exitosa, nos enseña a ser emisores asertivos y mejores receptores. *Habla menos, conecta más* creará relaciones profesionales y personales más productivas».

GRENDA RIVERA DÁVILA
Periodista televisión

PRÓLOGO

El proceso de comunicación, sea personal o mediática, se ha definido como complejo y estructurado. Hacen falta pasión y entendimiento para transmitir a otros las mejores maneras de trabajar estrategias de comunicación efectivas, que permitan alcanzar los objetivos y propósitos de aquellos que intentan comunicar una idea. Este es el gran logro de Vanessa Marzán Toro con su libro *Habla menos, conecta más*.

Lo primero que impacta de este manual práctico, como lo llama la autora, es su dedicatoria. Marzán se aparta de las dedicatorias tradicionales y dedica el libro a sus lectores, el público al que va dirigido este excelente y bien estructurado manual.

Habla menos, conecta más es un libro interactivo que conduce a los lectores por un camino para conocer estratégicamente las formas de presentar un mensaje sobre la empresa o microempresa que el lector desea desarrollar. Desde esta dedicatoria, Marzán advierte a los lectores que todos tienen habilidades de comunicación, es asunto de estar conscientes de ellas y entender que para comunicar un mensaje efectivamente no solo se debe hablar, sino también hay que dominar la comunicación no verbal.

Esta dedicatoria a los lectores da pie a la estructura en segunda persona que se mantiene en todo el libro. Marzán se comunica todo el tiempo con ese «tú» que ha decidido aceptarla como mentora y seguir sus recomendaciones para alcanzar el éxito.

La sección de comentarios contiene valiosas observaciones de destacados comunicadores del país que presentan entusiastas impresiones sobre el trabajo profesional de Vanessa Marzán Toro como comunicadora y el contenido temático de este libro. Encontramos comentarios de Mónika Candelaria, Rubén Román, Yaksani Ventura, Yolanda Vélez Arcelay, Luz Nereida Vélez, NoreLiz LaTorre, Karen Garnik, Víctor Rivera Hernández, Zugey Lamela, Margarita Aponte, y Grenda Rivera Dávila.

Y, ciertamente, las observaciones de los profesionales de la comunicación resultan muy atinadas. En el libro se destacan unas innovaciones muy acordes con la industria actual de las publicaciones y la comunicación efectiva.

La utilización de un código QR al final de cada capítulo es una de las sobresalientes innovaciones de este manual. Cada código QR conduce a un video breve en el cual la autora conversa con sus lectores sobre los contenidos y ejercicios del capítulo y amplía algunas explicaciones sobre temas discutidos.

Las frases de distinguidos autores al principio de cada capítulo son la puerta para entrar en el tema y contribuyen a motivar a los lectores para continuar su camino de aprendizaje.

También, son técnicas efectivas el estilo, muy bien mantenido a lo largo de todo el libro, de establecer una conversación amigable con el lector, el uso de ejemplos, casos y situaciones muy acertados y bien seleccionados y las listas de sugerencias prácticas.

Sobre todo, debo destacar la fluidez, sencillez y claridad de la expresión escrita y oral de Vanessa Marzán, que logra tomar conceptos complejos y profundos para exponerlos con absoluta efectividad.

El primer capítulo, «Idioma versus lenguaje», es una joya para explicar los conceptos básicos de comunicación, la historia de la comunicación humana, los conceptos de idioma y lenguaje y los temas de microexpresiones faciales y lenguaje corporal. El contenido del capítulo está ampliamente documentado y extraordinariamente organizado. Desde el inicio, Marzán muestra su dominio de la expresión escrita, elegante y sencilla.

Al final del capítulo encontramos un breve resumen temático del contenido del capítulo y varios ejercicios prácticos muy puntuales para que el lector integre los conocimientos adquiridos. Ambas estrategias se repiten con igual éxito en los subsiguientes capítulos del manual.

En el segundo capítulo, «¿Qué quieres comunicar?», llama la atención la forma clara en que Vanessa Marzán define los públicos objetivos que hay que tomar en cuenta al momento de decidir cuál será el mensaje y a quiénes se quiere comunicar el mismo. Aclara con ejemplos las mejores estrategias con grupos como los *baby boomers*, los *millenials*, y las generaciones X, Y, y Z. Enfatiza en la necesidad primordial de provocar emociones en las audiencias, establecer las estrategias para determinar los grupos objetivos y conocer la diferencia entre marca personal y marca comercial.

«Identifica tu meta» es el tercer capítulo, en el cual destaca los aspectos fundamentales de las metas a corto, mediano y largo plazo. Presenta, además, los tres estilos de comunicación: agresivo, pasivo y asertivo. Destaca en este capítulo la acertada y actualizada selección de ejemplos y casos para ilustrar los conceptos.

El capítulo cuatro, «Tu caja de herramientas para crear una marca exitosa», presenta una serie de recomendaciones que pueden utilizarse al momento de crear una marca, sea personal o comercial. Con un sinnúmero de efectivos ejemplos de destacadas personalidades y empresas, detalla las maneras más apropiadas para crear las marcas. La autora resalta su propio caso para demostrar cómo se establece una marca.

En «El poder tras la comunicación no verbal», el quinto capítulo, la autora presenta la regla universal del 55-38-7 para aprender a conectar estratégicamente con la audiencia mediante el lenguaje corporal y la comunicación no verbal. Explica conceptos como kinésica, microexpresiones faciales y ejes de la atención. También, destaca la importancia de aprender a utilizar estrategias de comunicación no verbal en todas las modernas plataformas de comunicación grupal y de videoconferencia.

El último capítulo, «¡De la teoría a la acción!», Vanessa Marzán Toro lo utiliza para invitar a sus lectores a prepararse y conseguir su ROI, o retorno de inversión. Hace un llamado a tomar riesgos y superar los miedos que impiden alcanzar el anhelado ROI. Para lograrlo, Marzán ofrece ejercicios guiados detallados y específicos que el lector puede utilizar para corroborar lo que ha aprendido.

En la «Conclusión», Marzán exhorta a los lectores a conectar para comunicar asertivamente y, según sus palabras, «obtener la mejor experiencia del mundo». Así, también, me place invitarlos a unirse a esta excelente comunicadora en la implantación de estrategias efectivas de comunicación no verbal.

CARMEN SARA GARCÍA
Periodista y comunicadora
Catedrática jubilada USC Junio 2022

CAPÍTULO I

IDIOMA VERSUS LENGUAJE

Lo más importante de la comunicación
es escuchar lo que no se dice.

Peter Drucker
Autor considerado el «padre»
de la gerencia de negocios moderna.

Es indudable que la comunicación ha avanzado a pasos asombrosos durante la historia de la humanidad. Desde las pinturas rupestres hasta la revolución digital de hoy en día, la forma como el ser humano se comunica ha trascendido sus necesidades personales y colectivas, sus expectativas y su imaginación.

¿Alguna vez te has preguntado qué es la *comunicación*? De acuerdo a la Real Academia Española (RAE), se define como 'acción y efecto de comunicar o comunicarse', 'trato, correspondencia entre dos o más personas' y 'transmisión de señales mediante un código común al emisor y al receptor'.

Por lo general la comunicación es entendida como el proceso que permite a las personas transmitir y entender información, pensamientos y emociones por medio de distintos elementos, tales como el emisor, el receptor, el mensaje, el código, el canal y el contexto. Aunque ya conoces buena parte de esta información es necesario que la tengas presente.

Para hablarte de comunicación es importante considerar dos conceptos fundamentales inmersos en el proceso comunicativo, que con frecuencia son confundidos o, peor aún, concebidos como lo mismo: el idioma y el lenguaje. Para entender claramente el significado de ambos, te invito a emprender un pequeño viaje por la fascinante historia de la comunicación humana. ¡Acompáñame!

Desde la aparición de la especie humana en el planeta han surgido diferentes formas de comunicación, de manera gestual, gráfica o verbalmente. Diversos estudios científicos coinciden en el hecho de que el lenguaje surgió de manera natural en nuestros antepasados como consecuencia de los primeros vestigios del hecho comunicativo.

Esto ocurrió en África hace unos seiscientos mil años, en homínidos como el neandertal o el denisovano. Estas especies humanas primitivas tuvieron que ingeniar distintas maneras de comunicarse eficazmente para sobrevivir a las condiciones climáticas y al ataque de los depredadores que constantemente amenazaban su existencia.

Esta necesidad permitió que el lenguaje avanzara a niveles de pensamiento cada vez más complejos. Esta es la razón por la que, aunque diversas especies tienen la habilidad de comunicarse entre sí, el lenguaje es una facultad netamente humana, producto del desarrollo y evolución del cerebro, lo que nos distingue de las otras especies.

Es decir, que la capacidad innata del lenguaje humano es lo que le ha permitido a la comunicación evolucionar en el tiempo hacia sistemas y formas cada vez más elaboradas y sofisticadas. Es entonces cuando se logra entender que el lenguaje forma parte de la comunicación, pero a su vez le aporta eficacia al hecho de comunicar.

Fue así como la inteligencia y el lenguaje se iban desarrollando y adaptando a las circunstancias de su entorno llevando a nuestros antepasados a vivir en sociedad, comunicarse y trabajar en equipo de manera instintiva para poder sobrevivir como especie, hasta que lograron evolucionar a nuestro homínido más próximo, el *Homo sapiens*.

Existen evidencias de los primeros intentos del hombre por comunicarse, que datan de setenta mil años, en África, Europa y Asia. Allí se observa cómo el hombre primitivo utilizaba un lenguaje diverso con la intención de comunicar a través de pinturas rupestres, pictogramas, esculturas talladas y petroglifos.

Los pictogramas tallados sobre roca eran entendidos universalmente y representaron la antesala a la escritura. Más adelante, hace cinco mil años, surgió la escritura en Egipto, en China y en las ciudades sumerias entre el Tigris y el Éufrates. Como puedes ver, la evolución del lenguaje sentó las bases para crear códigos de comunicación cada vez más efectivos.

¡Wow! Esto apenas empieza. Es necesario que conozcas cómo distintas comunidades y tribus crearon las primeras formas de escritura, que fueron evolucionando hacia formas cada vez más abstractas hasta llegar a las letras que hoy en día conocemos. De aquí en adelante te mostraré este progreso a manera de síntesis:

- Los sumerios crearon los primeros vestigios de la escritura cuneiforme, tallando signos en forma de cuñas en piedras y en tablillas de arcilla.

- Los egipcios desarrollaron una escritura ideográfica a través de jeroglifos con símbolos que transmitían ideas sin sonidos.

- Los chinos desarrollaron una escritura basada en ideogramas, que fue evolucionando hasta sus formas actuales en China, Japón y Corea.

- Los chinos, en el siglo II d.C., inventaron el papel combinando cortezas de árbol y trozos de telas usadas y de redes de pesca, que perfeccionaron más adelante utilizando residuos de seda, paja de arroz, cáñamo e incluso algodón.

- Los fenicios, los griegos y los romanos desarrollaron diversas formas de soporte para preservar la escritura occidental a través del papel, el pergamino y el papiro.

- Los mayas crearon un sistema de escritura complejo en el siglo III en América.

- Los griegos y romanos resguardaron conocimientos y expandieron las comunicaciones humanas usando rollos de pergamino y papiro, custodiados en bibliotecas; la más famosa de ellas, la Biblioteca de Alejandría.

- En 1450 el joyero alemán Johannes Gutenberg inventó la imprenta, lo que permitió reproducir en masa libros, periódicos y revistas.

- A partir del siglo XIX la prensa mundial se fue expandiendo a través del uso de telegramas y más adelante los medios radioeléctricos: primero la radio, luego la televisión.

- En 1962 los medios de comunicación se globalizaron gracias al lanzamiento de satélites espaciales como el Telstar I conectando lugares recónditos del planeta a través del teléfono y permitiendo las transmisiones de noticias «en vivo y directo, vía satélite».

A finales del siglo XX se originó una verdadera revolución informática y digital con los siguientes avances tecnológicos:

- Ordenadores personales que rápidamente eran sustituidos por nuevos modelos de mayor eficiencia.

- Teléfonos portátiles (celulares) cada vez más complejos y sofisticados.

- Mejoramiento de la telefonía por fibra óptica.

- Invención del Internet.

- Globalización tecnológica por el uso de redes sociales en masa.

¿Qué te ha parecido este recorrido? Como has podido observar, la comunicación humana ha evolucionado de manera sorprendente, creando novedosos sistemas comunicativos que nos han permitido avanzar como sociedad. La mayor evidencia de este progreso es la invención de códigos vocales para transmitir información eficientemente: **el idioma.**

El idioma constituye el código a través del cual es entendido el mensaje. El lenguaje, por supuesto, enriquece este proceso comunicativo. El pensamiento humano evoluciona constantemente y va más allá, ¡es imposible poner límite a esta capacidad! Tomando las palabras de Raymond Williams, «toda acción humana es capaz de comunicar».

LENGUA

Ahora bien, con una visión antropológica un poco más clara del proceso comunicativo puedes comprender mejor el significado del término *idioma*, también llamado *lengua*. De acuerdo con Barrera y Fraca[1], «es un sistema de signos altamente estructurados con los cuales lo individuos de una entidad se comunican entre sí desde diferentes puntos de vista».

Posterior a la aparición de la última especie de homínidos, el *Homo sapiens*, es cuando se crea la lengua o el idioma como convención social a través de un sistema de símbolos para comunicarse, particularmente entendidos por un grupo social determinado. De esta manera, diversos pueblos y culturas del mundo definieron su propio idioma.

¡Huuum! Pensemos por un momento. Si es tan reciente, y no es parte del código de comunicación integrado con el que surgió la especie humana para interactuar entre sí, ¿por qué solo apostamos a dominar el idioma para conectar con las audiencias? ¡Lo sé! Es importante, pero no lo es todo. ¿Recuerdas lo de desaprender y reaprender?

LENGUAJE

El lenguaje es la facultad asociada al pensamiento más primitivo de la especie humana, y desde sus inicios se emplea con la intención de transmitir o comunicar algo. Fue concebido

---

1   Luis Barrera Linares y Lucía Fraca. *Psicolingüística y desarrollo del español.* (Venezuela: Monte Ávila, 1991).

por Iraset Páez[2] como «la capacidad humana para producir, intercambiar y comprender signos comunicacionales con los cuales se ejecutan distintos procesos de interacción social».

Esta capacidad integra el sistema sensorial y asociativo del cerebro que permite diferenciar palabras, signos, señales, imágenes, objetos de referencia, objetos referidos, o conceptos abstractos e intangibles. El lenguaje refleja de forma *innata* el aspecto emocional y afectivo que el ser humano experimenta en una conversación y es entendido *universalmente*.

DIFERENCIA ENTRE IDIOMA Y LENGUAJE

La diferencia conceptual entre idioma y lenguaje es que el idioma es el conjunto de signos y señales que se enseña a una comunidad para poder comunicarse entre sí, mientras que el lenguaje es la capacidad *innata* del ser humano para poder comunicarse, transmitir emociones, sentimientos y pensamientos.

El lenguaje es empleado y entendido de manera universal, mientras que el idioma solo es transmitido entre comunidades lingüísticas particulares. Otra de sus diferencias es que el lenguaje es intangible, manifestado de forma natural como facultad de la especie humana, y el idioma es un código tangible creado por la especie *Homo sapiens*.

Otro aspecto diferenciador es que el idioma comprende diversos códigos lingüísticos, como las lenguas gráficas o simbólicas.

---

2   Fue un escritor, ensayista, poeta, crítico y profesor universitario. Destacado investigador en el área de lingüística y literatura en Venezuela.

Por su parte, el lenguaje incluye la postura y los movimientos corporales, los gestos y microexpresiones faciales, el contexto circundante y el ambiente en que se desarrolla.

El idioma y el lenguaje forman parte del conglomerado del proceso de la comunicación. El lenguaje enriquece, contextualiza y le aporta fuerza al idioma. El lenguaje es la facultad dotada de pensamiento que te permite coordinar conceptos de diversa complejidad. En cambio, el idioma es el sistema de signos lingüísticos que te permite expresar verbalmente tus pensamientos. Seguro que ahora todo comienza a tener más sentido…

Para que los visualices, te mostraré un ejemplo de la vida cotidiana donde se emplean estos conceptos. Una mujer graba un comercial de televisión en China, en el que promociona el consumo de una bebida energética autóctona. Como domina el mandarín a la perfección vocaliza el discurso impecablemente.

Sin embargo, cuando prueba la bebida, en cámara y frente a millones de espectadores, se percata de que ¡tiene un sabor sumamente desagradable! Aunque trata de disimular con todas sus fuerzas y expresa de manera verbal que el sabor es delicioso, sus gestos faciales y corporales, que no saben fingir, reflejan una terrible sensación de desagrado.

Es entonces cuando toman protagonismo las microexpresiones faciales, se contraen los labios y posteriormente asciende el labio superior y se frunce la nariz. Por su parte, el lenguaje corporal también delata la situación real: inicialmente se encorvan los hombros al detectar, en primera instancia, el repulsivo sabor para después llevar los hombros hacia atrás, alejados de la bebida en señal de rechazo.

Los espectadores del comercial reaccionan con desconfianza ante la bebida porque perciben que la información que se transmite de forma verbal no se corresponde con el lenguaje gestual de la promotora del producto. En tal sentido, el mensaje deseado no llega al público de interés.

¿Qué pasó con la bebida? El comercial no transmitió ningún atractivo para su consumo causando un efecto contrario a la intención comunicativa que la marca deseaba transmitir. La percepción del público terminó por influir negativamente sobre las ventas.

Esta situación nos lleva a considerar varios aspectos. El primero, que a pesar de la claridad del código o idioma y de lo convincente del discurso, la información del comercial que conectó con el público consumidor fue el lenguaje universal, es decir, los gestos faciales y corporales. Por ello es tan importante que durante el discurso tus palabras estén alineadas con tus acciones y con cómo te sientes realmente.

Segundo, la audiencia hizo uso de su capacidad innata, el lenguaje, para no dejarse influenciar por el discurso; analizó la situación comunicativa en todo su contexto y se percató de la gran cantidad de información que le transmitían el lenguaje corporal y las microexpresiones faciales.

Tercero, gracias a las habilidades del lenguaje una persona o un público tienen la capacidad de razonar y considerar todas las variables para no dejarse engañar, ¡al menos no fácilmente! La audiencia televisiva repudió el comercial porque lo interpretó como una trampa. Evidentemente, aquí falló la comunicación estratégica.

Instintivamente las personas se convencen de la información que transmite la comunicación no verbal porque están conscientes de que esta jamás engaña, y reaccionan rechazando la bebida como norma primitiva de conservación. ¿Te das cuenta? El lenguaje no verbal aporta credibilidad o desconfianza al hecho comunicativo. ¿Sabías que el lenguaje corporal es primitivo y responde a nuestro instinto de supervivencia?

¿EXISTE UN LENGUAJE UNIVERSAL?

Cuéntame qué te ha parecido este recorrido por los conceptos de comunicación, idioma y lenguaje, ¿cómo te sientes al respecto? Ahora bien, ¿crees que realmente existe una manera de comunicarnos que puede ser entendida por cualquier persona en el mundo aunque el mensaje no sea transmitido en su idioma? ¿Tú qué crees?

Déjame compartirte esta buena noticia: la verdad es que ¡sí existe! Este lenguaje universal está comprendido por las microexpresiones faciales y el lenguaje corporal. Ejemplo de esto lo podemos ver en el hecho de que en todos los idiomas, en cualquier parte del planeta, se emplean las mismas expresiones faciales y corporales que reflejan las emociones.

Es así como mi cara y mi cuerpo expresan asombro, desprecio, tristeza, susto, agrado, temor, interés o cualquier otra emoción cuando me comunico en español, inglés, francés, mandarín, alemán, árabe, ruso o en cualquier otra lengua.

Estos gestos, con independencia del idioma, comprometen exactamente el mismo grupo de músculos faciales y corporales según sea la emoción que consciente o inconscientemente transmitamos. Lo único que puede variar, de acuerdo con los rasgos culturales distintivos de una comunidad, es la intensidad con que se expresan los mismos.

La función del cuerpo es sobrevivir, así que los gestos faciales y corporales son unas de las respuestas automáticas más primitivas de la humanidad. El cuerpo va a reaccionar instintivamente ante cualquier señal que sea interpretada como una amenaza a su supervivencia y no tiene la capacidad de distinguir la diferencia entre una agresión y una palabra que no le parece agradable.

El cuerpo lo va a interpretar como un peligro de igual manera, ¡y responderá en consecuencia! Por ejemplo, si ves el auto de tus sueños, tus ojos se llenarán de brillo ante el color que tanto te gusta; pero si al preguntar el precio te responden que se trata de una cantidad exorbitante reaccionas de manera similar que ante una amenaza a tu integridad física.

Aunque trates de disimular tu reacción inicial, tu expresión facial y corporal al escuchar el precio será la misma que cuando recibes una amenaza física, como cruzar los brazos, inclinarte hacia atrás, abrir más los ojos, tu seño se frunce, eliminas el contacto visual. Te estás enfrentando a una reacción primitiva y temporal de resguardo ante un riesgo.

Si atiendes a estos detalles podrás descubrir cuándo lo que se expresa a través del idioma no se corresponde con lo que refleja el lenguaje. Las microexpresiones son innatas e irracionales y responden fielmente a las emociones. Es por ello que los gestos no pueden escapar ante una mentira, a pesar del esfuerzo que se haga en fingir.

De la misma forma hay que prestar atención a los detalles que representan el mensaje, la idea o el producto que ofrecemos y considerar las variables de comunicación, tales como los mensajes claves, posicionamiento de marca, la intencionalidad de la hora, el lugar, los colores del vestuario, entre muchos otros aspectos al momento de comunicar. ¿Tiene sentido?

Una vez que identificas la naturaleza de estas microexpresiones es más sencillo conectar con tu audiencia de interés. En este momento tienes el dominio de la conversación porque sabes qué efecto estás causando en los demás. También estos detalles te sirven como termómetro para medir la fidelidad de la conversación.

¿POR QUÉ NO LOGRAS CONECTAR?

Muchas veces no logras conectar con tu público de interés, clientes, compañeros de trabajo, entre otros, por falta de estrategia al momento de comunicarte. Al no tener clara tu meta o desconocer lo que necesitas, no cuentas con una guía que te indique qué debes hacer para transmitir el mensaje correcto y enganchar con los demás.

Esta situación trae como resultado que sientas frustración al no ver los efectos esperados. Y esto responde a una razón: no transmitiste el mensaje que deseabas. Por ello es tan importante que conozcas tu estilo de comunicación y traces una estrategia comunicativa eficaz, acorde con tus metas.

Es primordial que prestes atención al elegir el mejor canal y horario para comunicar algo, todo debe seleccionarse con una intencionalidad bien definida. También es indispensable que conozcas a tu público objetivo, sus necesidades e intereses, ¿quiénes son?, ¿a quién deseas dirigirte?, ¿a qué generación pertenece?

Es muy importante ser estratégico en la comunicación. Si no defines una estrategia para conectar durante la comunicación habrás perdido el sesenta por ciento de la batalla. Debes identificar tu meta, definir los pasos y acciones específicas —delimitados en tiempo y espacio— que te llevarán a cumplirla y determinar con cuáles recursos cuentas para aprovecharlos al máximo.

Por ejemplo, si yo digo ¡me muero por ver a Alejandro Sanz algún día!, ese «algún día» no corresponde a ninguno de la semana, ni lejano, ni cercano. Si no trazas tus metas en acciones concretas y planificadas, con fechas y lugares definidos, difícilmente podrás alcanzarlas. Es entonces cuando debes dejar de solo desear y empezar a pensar en cómo puedes hacerlo posible.

Justo en ese instante tu perspectiva cambia, pasas de la intención a la acción, comienzas a investigar cuáles son los lugares que visitará durante su gira, a qué ciudad puedes ir, buscas información sobre los costos de la entrada, los boletos aéreos y los gastos de logística que necesitarás para ir a ese concierto y por fin ver a Alejandro Sanz.

Si se te presenta algún imprevisto u obstáculo, como no poseer suficiente dinero para cubrir los gastos, tendrás tiempo para planificar una nueva estrategia que te permita generarlo. Una vez alcanzada la cifra para sufragar los costos debes escoger estratégicamente el lugar del concierto y el hotel donde te hospedarás.

Otro aspecto a considerar es el medio de transporte a utilizar. ¿Lo ves? Es necesario cambiar la perspectiva para el logro de aquello que sí está en tus manos. Empezar a cambiar el «ojalá», «algún día», «yo quisiera», o cualquier frase o pensamiento intangible por acciones concretas que produzcan resultados tangibles. Las palabras son poderosas, construyen o destruyen.

Cuando dices «yo quisiera que mis compañeros me valoraran», «yo quisiera que mi jefe me ascendiera», «yo quisiera ser un excelente orador», «yo quisiera que los demás me entendieran», pero no haces nada para lograrlo, entonces esa meta se quedará allí, en solo una frase. La estrategia es el plan tangible de lo que debes hacer para alcanzar tus objetivos.

Mi intención es que entiendas que la comunicación es un proceso que integra no solo el idioma y el habla, sino que también abarca una serie de aspectos metalingüísticos expresados a través de los gestos, las posturas corporales y las microexpresiones faciales que enriquecen y le aportan mayor sentido a ese proceso.

Todos estos elementos en conjunto son sumamente importantes al momento de conectar y atrapar la atención de un público cuando deseas comunicarle algo. Es aquí donde se hace evidente la relevancia de ser fiel a la intención comunicativa. De ahí la importancia de ser estratégicos para garantizar que el mensaje llegue asertivamente al público de interés.

Para ello debes prestarle especial atención a tu lenguaje facial y corporal, a la pulcritud de tu apariencia, a la sensación que transmitirá el espacio que vas a utilizar o el canal que emplearás para proyectarte. Todos estos elementos deben ser congruentes con la intención del mensaje que vas a transmitir para aportarle intensidad, fuerza y confiabilidad.

La realidad es que somos muy poco estratégicos para comunicarnos, lo hacemos sin pensar, sin esfuerzo, utilizando siempre los mismos canales y el mismo estilo porque así nos sentimos más cómodos, pero comodidad de ninguna manera es sinónimo de efectividad.

Las razones por las cuales no estás conectando es muy probable que se deban a que te concentras en el idioma, en dominar el léxico o la pronunciación; sin embargo, tu público se centra inconscientemente en el lenguaje universal. Ejemplo de esto lo vemos cuando un conferencista da un discurso refinado, impecable, con datos estadísticos fidedignos y experiencias comprobadas.

No obstante, durante su exposición no muestra ninguna emoción en el rostro, sus manos permanecen inmóviles, se para en el pódium y no se mueve en el espacio, no hace preguntas y se apega a un lenguaje sumamente técnico; sucederá que su público, por más interesado que esté en el tema, se aburrirá.

¿Y por qué ocurre esto? Posiblemente porque el orador transmite desinterés por su público, y este responde por instinto rechazando todo el discurso como reacción ante la apatía del forista de la misma forma que a la sensación de agresión. Aunque esta nunca haya sido la intención, engancha lo que transmite el lenguaje corporal y facial.

Otro aspecto a considerar al momento de conectar con tu público de interés es lo que proyecta tu marca personal. ¿Sabías que tu marca personal no es la misma que tu marca comercial? Déjame decirte que puedes construir, trabajar y desarrollar tu marca desde cero. ¡Este aspecto me apasiona!

Ese es un tema que estudiaremos en profundidad en los siguientes capítulos para brindarte conocimientos y experiencias al respecto. De igual forma, te ayudaré a descubrir el estilo de comunicación que debes adoptar considerando tus metas, y aprenderás a usar a tu favor el lenguaje corporal y las microexpresiones que empleas para comunicarte. ¡El camino apenas comienza!

LLEGÓ LA HORA DE EJERCITARNOS

¿Recuerdas el acto de comunicación? A manera de síntesis quiero presentarte las siguientes conclusiones de este revelador primer capítulo:

- Dentro del proceso comunicativo el idioma o lengua interviene como el código.

- El proceso racional de elaborar un mensaje para ser transmitido por el emisor e interpretado por el receptor, es lo que llamamos lenguaje.

- El canal para hacer llegar el mensaje se vale de gestos, palabras, imágenes, símbolos, sistemas de señales visuales, textos impresos, ondas radioeléctricas, electromagnéticas, entre otras.

- El idioma y el lenguaje son parte del proceso comunicativo.

- El idioma es tangible.

- El lenguaje es intangible.

- El idioma fue creado por el hombre.

- El lenguaje es una facultad innata de la especie humana.

- El idioma universal son las posturas, los movimientos corporales y las microexpresiones faciales.

Recuerda que con este libro quiero ayudarte a conectar con las personas por medio de la comunicación estratégica. Para ello es necesario que te preguntes, dándote tu tiempo para reflexionarlo con serenidad antes de emitir una respuesta:

1. ¿Cuáles son los tres principales públicos que tienes como objetivo?

---

2. ¿Cómo te sientes cuando te comunicas con cada uno de ellos?

---

3. ¿Con qué emoción deseas dejar a tu público objetivo después de comunicar tu mensaje?

_____

_____

4. ¿Conoces la diferencia entre idioma y lenguaje?

_____

_____

5. Para ti, ¿qué es ser estratégico en la comunicación?

_____

_____

6. ¿Qué significa para ti la frase «una imagen dice más que mil palabras»?

_____

_____

7. ¿Usas tu cuerpo para comunicar? ¿Cómo lo haces?

_____

_____

¡Gracias por permitirme acompañarte durante este excitante recorrido y por compartirme tu experiencia!

https://www.comm4success.com/vanessa-marzan

Escanea este código para disfrutar
del material audiovisual del capítulo.

CAPÍTULO II

¿QUÉ QUIERES COMUNICAR?

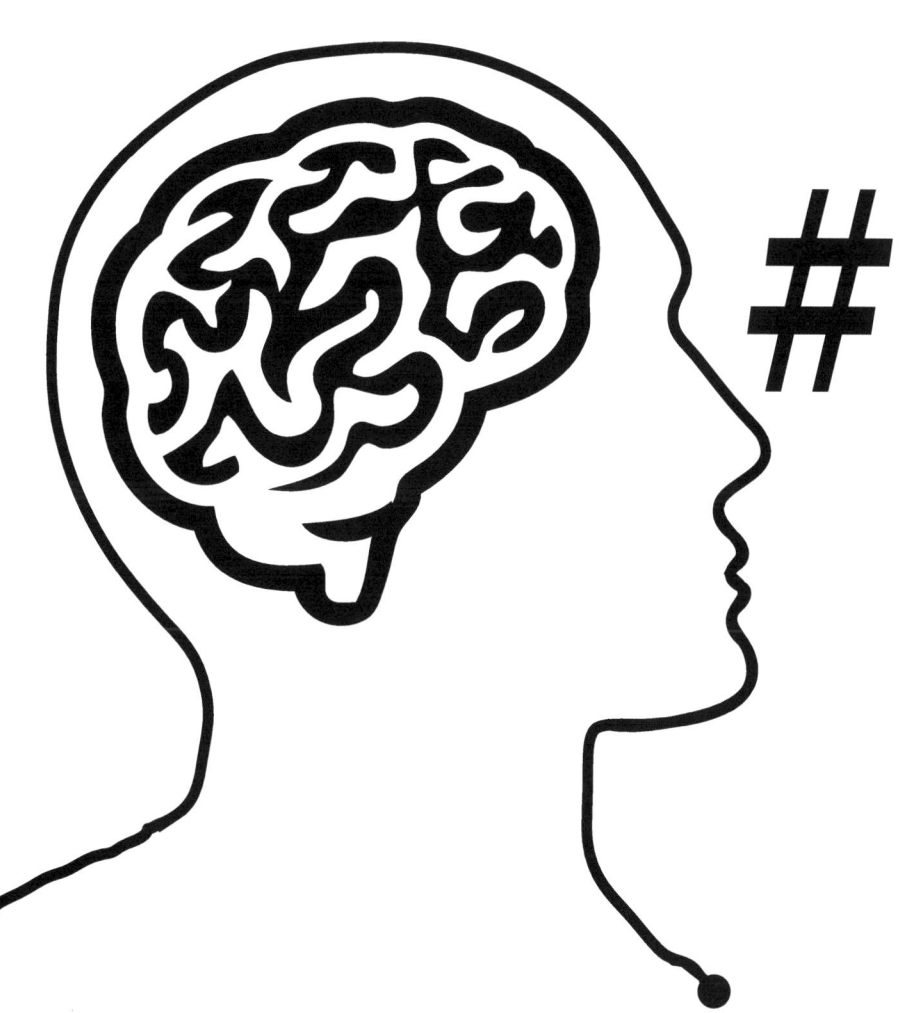

Hay palabras que suben como el humo,
y otras que caen como la lluvia.

Marie de Rabutin-Chantal

Escritora ícono de la literatura francesa.

DEFINE TU META

Antes de enfocarte en qué quieres comunicar, primero debes centrarte en conocer cuál es tu meta. Al definir claramente tu objetivo se develará con mayor facilidad y precisión la información que deseas transmitir. Cuando ocurre a la inversa, es decir, cuando primero expresas algo pero desconoces para qué lo haces surge una distorsión en el mensaje.

Quiero que por un momento imagines que deseas comprarte un auto nuevo. Ahora, la pregunta es… ¿para qué? ¿Para mayor comodidad al viajar con tus hijos o con tus padres? ¿Para recorrer largas distancias? ¿O para utilizarlo como Uber? Una vez conoces el «para qué» es más fácil elegir tu vehículo de comunicación, es decir, el mensaje y el canal adecuados para conectar con tu audiencia. ¿Te hace sentido?

De lo contrario, la información que transmitas será demasiado ambigua y no conectará con tu público de interés. Si ya definiste como objetivo que quieres un auto nuevo que te permita recorrer largas distancias para llegar a tiempo a todas tus reuniones de negocios, sabrás con exactitud qué mensaje debes expresar. Por esto es primordial que tus metas estén alineadas con lo que deseas comunicar.

Como segundo paso, debes establecer la estrategia comunicativa a utilizar. Al definir la meta que deseas alcanzar podrás visualizar la estrategia que te indicará qué comunicar, cómo hacerlo y a qué público te debes dirigir. Por esta razón, antes de comunicar un mensaje primero debes responderte cuál es tu meta y sabrás qué quieres comunicar.

DEFINE A TU PÚBLICO OBJETIVO

Una vez que tengas clara tu meta y lo que deseas comunicar, es el momento de elegir a tu público objetivo. Lo sé, en este instante te estarás preguntando ¿cómo lo hago? ¡No te preocupes! Déjame guiarte en este proceso. Como primer aspecto es importante que sepas que existen dos grandes tipos de público objetivo, uno interno y otro externo.

Para que lo entiendas mejor, imagínate que dividiremos a todo ese grupo de personas asociadas a ti en dos grandes categorías. La primera de ellas se encuentra referida al público externo y la otra al interno. ¿Por qué es importante diferenciarlas? Porque cada tipo de público amerita estrategias de comunicación diferentes. A continuación te explicaré, de manera detallada, cada una de ellas:

- **Público interno**

  Está integrado por el grupo de personas más cercanas a tu círculo familiar, social, laboral o profesional. Es decir, quienes de una u otra manera te conocen y mantienen contacto contigo cotidianamente. Por ejemplo, si eres empleado en una compañía, tu público interno se orienta hacia tus compañeros de trabajo, superiores y suplidores.

Si eres el jefe de una empresa, tu público objetivo interno son la junta de directores, tus empleados y proveedores. De la misma forma, un estudiante tiene como público objetivo interno a sus compañeros de clase y a los profesores. En el caso de las amas de casa, su público objetivo interno por excelencia son su esposo e hijos.

Para un maestro de primaria su público objetivo interno son sus estudiantes, los representantes, sus colegas, compañeros de trabajo y personal directivo. Es el público con el que mantenemos contacto la mayor parte del tiempo, pero le damos poca importancia al hecho de analizar la manera como nos estamos comunicando con ellos.

Por esta razón surgen constantes conflictos a nivel familiar, laboral y profesional; porque pocas veces se emplea un plan de comunicación estratégica que ayude a mejorar la interacción para poder conectar con este tipo de público. Ahora que lo sabes tienes en tus manos el poder de optimizar tus relaciones interpersonales.

- **Público externo**

Esta categoría está conformada por el grupo de personas con las cuales no tienes ningún tipo de filiación social o familiar. Son quienes no interactúan cotidianamente contigo y te van a conocer cuando te dirijas a ellos para comunicarles algo. Este tipo de público necesita un plan de consistencia en términos de ventas. No solo se venden productos, también ideas y conceptos.

Para darte un ejemplo sobre esta categoría, imagina a un vendedor profesional: su público objetivo externo es su cartera de clientes, los fijos y los potenciales. Si se trata de un estudiante que desea conseguir una beca, su público se orienta a los evaluadores de su situación socioeconómica y académica que deciden si le otorgan la beca.

El público objetivo externo de los jefes de una empresa son sus proveedores, inversionistas, consumidores potenciales o clientes. En el caso de un ama de casa, dedicada a los oficios del hogar y al cuidado de sus hijos, pueden ser los maestros de sus hijos, los empleados del supermercado o los médicos que tratan a su familia.

Es importante que sepas que este público externo se subdivide, a la vez, en varios grupos. Como ejemplo, imagina a una persona que ha decidido emprender en una tienda de ropa *online*. Su público objetivo externo primario son todos aquellos clientes fijos que le siguen por las redes sociales. Este grupo requiere de un plan de comunicación efectiva que los mantenga enganchados a su tienda y a sus productos.

El público objetivo externo secundario de esta tienda en línea son los posibles clientes, es decir, aquellas personas que aún no conocen la marca ni están prendidos a ella. A la vez, el público objetivo externo terciario podría estar integrado por los *influencers* que hacen videos, *reviews* y publicaciones sobre su producto.

Como te darás cuenta, es de vital importancia que definas claramente cada categoría de tu público externo y lo subdividas para crear un plan de comunicación estratégica enfocado en los intereses y características de cada uno. Nunca debes emplear con quienes aún no conocen tu marca la misma estrategia que utilizas para conectarte con tus clientes fijos. Ten presente que *la comunicación efectiva jamás es genérica.*

Si aún tienes problemas para identificar quiénes conforman tus públicos objetivos te recomiendo crearles avatares, ponles género, edad, ropa, estilo de vida, poder adquisitivo, nacionalidad. En fin… mientras más completos sean tus avatares, más retorno de inversión tendrás de tu estrategia de comunicación.

ESTRATEGIAS PARA OPTIMIZAR TU PLAN DE COMUNICACIÓN

Durante mi trayectoria profesional como ejecutiva, consultora y especialista en el campo de las comunicaciones integradas, he acumulado múltiples experiencias que me han llevado a considerar algunas acciones necesarias al momento de diseñar un plan de comunicación estratégica. A continuación te comparto las principales:

- **Estudia a tu público objetivo**

  La mejor estrategia es investigar, estudiar y conocer a tu público. Muchas veces cometemos el error de ser genéricos y creer que las personas de una misma categoría son iguales. Por ejemplo, si tu público objetivo son los empleados de una empresa no debes pretender comunicarte con todos de igual manera, así como tampoco debes presentarte de la misma forma con tus clientes. ¡Esto es un gran error!

Vivimos en un mundo altamente competitivo en el que los retos son cada vez mayores y los canales de comunicación están cada vez más alineados a intereses generacionales. ¿Conoces la connotación que se les ha dado a las personas de distintas generaciones?

Vamos a darnos un pequeño espacio para hacerte conocer cada una de estas generaciones. Comencemos por los *silent,* o niños de la posguerra, que nacieron entre 1930 y 1948. Seguidos por los *baby boom* o *boomers*, nacidos entre 1949 y 1968. Luego, la generación X, que contempla los nacimientos ocurridos entre 1969 y 1980.

Posteriormente sigue la generación Y o *millennials,* referida a las personas nacidas entre 1981 y 1996. Por último, se presenta la generación Z, a partir de 1997 hasta 2010. Bien, ya que conoces a grandes rasgos cada una de ellas, te pregunto, ¿a cuál generación perteneces? ¿Entiendes ahora? No es lo mismo dirigirse a un grupo de personas *boomers* que a un cliente de la generación Z.

Mientras menos generalices y más investigues sobre tu público objetivo mejores oportunidades tendrás de conectar con este. El mayor reto que enfrentamos hoy en día es que hay demasiadas generaciones trabajando juntas y demasiados canales disponibles para comunicar. En la medida en que aprendas a estudiar a tu público objetivo se potencializará tu éxito.

¿Persigues retorno de inversión? Para mí es fascinante este efecto. El retorno de inversión es el resultado que recibes de vuelta como producto de tu esfuerzo. Por ende, si inviertes poco en conocer los intereses, necesidades y lenguaje a emplear para comunicarte con tu público objetivo, lo más probable es que el resultado de esa poca inversión sea desfavorable.

La inversión se entiende como algo monetario, pero en realidad no es así. Existen otros tipos de inversión, y una de las más significativas es el tiempo. Hoy en día es más relevante el refrán popular «el tiempo vale oro». Lo necesitas para convocar a una reunión, para enviar una información o para dedicarte a estudiar a tu público objetivo. En fin, *«time is the new black»*.

Te invito a aprender la comunicación efectiva como un negocio en el cual tienes que ser sumamente estratégico a la hora de invertir tiempo y dinero. Por eso es importante que te detengas a pensar si la manera en que te has estado comunicando te ha ayudado a alcanzar tu propósito y descubrir si te has estado dirigiendo al público objetivo correcto para tu meta, producto o servicio.

Es de suma importancia aprender a determinar los cambios que exigen las sociedades a nivel generacional. Por ejemplo, la compañía Coca-Cola desde ya está abordando una nueva industria con productos como el agua mineral y los jugos naturales. Está apuntalando al futuro con la fabricación de productos orgánicos.

Coca-Cola está apostando al futuro con una generación Z inclinada hacia el consumo de productos veganos u orgánicos. Mientras, las generaciones de *boomers*, X y *millennials,* que por años han sido los mayores consumidores de bebidas gaseosas carbonatadas, van a ir disminuyendo en el transcurso del tiempo.

En ocasiones cometemos el pecado de ser genéricos para salir rápido del paso, pero justamente esa falta de atención y tiempo es lo que retrasa ese retorno de inversión para conectar con los demás. Las causas del fracaso al intentar comunicar un mensaje son la falta de una estrategia, la poca inversión en estudiar detenidamente al público objetivo y los intereses de las generaciones.

- **Piensa fuera de la caja**

Ahora, te invito a pensar un poco fuera de la caja… Para lograr conectar con tu público objetivo, no necesariamente debes invertir dinero en pagar publicidad por las redes sociales, en los medios de comunicación y en algunas revistas. ¡Claro! Invertir en *marketing* es parte importante de tu plan de comunicación para conectar con tu público, si eres emprendedor o emprendedora.

Sin embargo, quiero que consideres otras opciones, como el *cross-content*, cuya estrategia se basa en brindar diversas alternativas de contenido cruzado a los clientes potenciales, relacionando productos de interés para el público objetivo en tanto abordan varios aspectos de sus necesidades.

Volviendo al ejemplo de la tienda virtual de ropa, se aplica el *cross-content* cuando identificas a una emprendedora que vende zapatos, pero no ropa. Allí se puede establecer una relación de contenido cruzado, pues los artículos de calzado le aportan valor a la tienda de vestir, y viceversa.

De esta manera, al ofrecer una gama más amplia de opciones, se captan nuevas personas de tu público objetivo que desean combinar unos artículos de una tienda con los productos de la otra, beneficiando a ambos emprendimientos. Esta es una estrategia diseñada para generar nuevos clientes.

Esta táctica se evidencia con mayor frecuencia en la actualidad con artistas de distintos géneros musicales, especialmente del reguetón y el *trap*, quienes realizan colaboraciones aplicando estrategias del *cross-content*. Así relacionan contenido de valor para crear propuestas musicales que sean del agrado de los fanes de ambos géneros, ampliando su público objetivo.

- **¡Actualízate!**

Este aspecto es fundamental. Para que tu comunicación sea efectiva es necesario que te mantengas al tanto de todo lo que esté relacionado con la temática que deseas abordar. Si planificas enfocarte en el campo financiero estudia los índices económicos, o si te dedicas al género musical estudia las listas de éxitos.

Lo esencial de la comunicación es aprender a ver y a escuchar con detenimiento todo el contexto. ¿Con qué fin? Ya te lo explico. El mundo es cambiante, está en constante evolución, y la comunicación no escapa a esa realidad. Por tal razón es de vital importancia que estudies a tu público, el mercado, las tendencias y sus novedades.

La naturaleza humana ha demostrado por millones de años que su secreto para sobrevivir y mantenerse como especie ha sido la capacidad de adaptarse a los cambios. Es lo que la teoría darwiniana ha señalado como «la supervivencia del más apto». Esta premisa se encuentra más vigente que nunca en el mundo altamente competitivo de hoy.

Si quieres comunicarte y conectar con tu público objetivo para alcanzar tus metas es necesario que permanezcas al tanto de lo que sucede a tu alrededor y lo consideres al momento de crear tu estrategia; de lo contrario terminarás por perder el norte y ser alguien más del montón, que al poco tiempo caducará. Ofrécele siempre a tu audiencia una razón para seguirte.

Recuerda, aunque suene un poco duro, *la supervivencia pertenece al más apto*. ¡No te asustes! Es solo la dinámica de la naturaleza. Aunque avancemos a pasos agigantados en materia cultural o tecnológica, jamás podremos desligarnos de nuestro origen. Es por eso que te insisto en prestar atención a los rasgos instintivos de nuestra condición humana.

Las más importantes corporaciones y marcas a nivel mundial lo han entendido. Ese ha sido su mayor secreto para el éxito de sus campañas de *marketing,* y los resultados se han visto traducidos en jugosos beneficios financieros como retorno de inversión. ¡Sí, como lo ves! Estas grandes empresas invierten muchísimo en actualizarse.

Uno de los mejores ejemplos que puedes observar es la evolución de la mundialmente conocida empresa de comida rápida McDonald's. Esta marca ha logrado mantener su solidez financiera por mucho tiempo porque estudia constantemente y se adapta a las exigencias del mercado. Su capacidad para reinventarse es lo que le ha dado estabilidad.

¿Te has fijado en esos cambios? Hasta hace algunos años el fuerte de McDonald's era el *marketing* dirigido a su público objetivo, los niños. Fue así como se instalaron hermosos parques en todos sus restaurantes junto con el lanzamiento de la famosa «cajita feliz». Todo fue pensado en su grupo de interés.

Antes de fijar su exitosa estrategia McDonald's realizó un estudio exhaustivo del mercado, observando que la tasa de natalidad había descendido en comparación con la época de pre y posguerra —cuyas familias tenían hasta diez, doce o quince hijos— porque las parejas decidían tener menos hijos con la intención de brindarles mejores oportunidades y calidad de vida.

De allí que el número de hijos fue reduciéndose a cuatro, tres, dos y hasta uno solo, cuyos padres disfrutaban de una estabilidad financiera que les permitía dar a sus hijos todo lo que ellos no habían tenido en su infancia. Es así como se reveló la tendencia de padres ansiosos por darles a sus hijos lo mejor.

Por esta razón, McDonald's lanzó con fuerza su campaña, porque vio a un público objetivo potencial: padres trabajadores con mayor poder adquisitivo, pero con menos tiempo, que deseaban complacer a sus hijos. En este sentido, decidieron enfocarse en el centro de atención de este público, los niños. ¿Resultado? Sus restaurantes y parques estaban repletos de familias enteras que consumían sus productos.

Ahora te pido que por un momento te dediques a detallar un poco el McDonald's de la actualidad. ¿Qué observas? ¿Quiénes lo visitan con mayor frecuencia? ¿Qué nuevos productos ofrece? ¿Qué nueva cadena surgió? Ciertamente, estos cambios se deben a un nuevo estudio de mercadeo que los llevó a actualizarse.

Las parejas de ahora no tiene los mismos intereses que las de hace veinte o diez años atrás. De hecho, muchas de ellas ni siquiera deciden casarse. Esto ha ocasionado un cambio demográfico importante que ha producido el descenso de la tasa de natalidad. La población infantil de antes ya creció y fue formada para el éxito, la prosperidad y la productividad.

Los niños de ayer se convirtieron en jóvenes económicamente estables acostumbrados a satisfacer sus gustos y exigencias. Ahora el poder adquisitivo está en la población más joven que aún no desea asumir las responsabilidades que conlleva formar una familia, y solo se enfoca en disfrutar el día a día.

Aunque muchos restaurantes conservan la temática de los parques infantiles, ahora en McDonald's surge una nueva cadena, el McCafé. Este ofrece alimentos y bebidas al estilo cafetería, señal abierta de wifi y mesas más chicas, con un ambiente atractivo que invita a jóvenes profesionales, o que están iniciándose en el campo laboral, a consumir sus productos.

Es una nueva temática dirigida a la juventud, que precisa de tiempo y tiene la capacidad económica para darse el gusto de compartir un café, conversar con sus amistades, o ponerse al día en sus redes sociales. Todo esto en un espacio cómodo y agradable que induce a consumir un delicioso desayuno, almuerzo, merienda, bebida, café o postre.

Esta marca decidió transformar por completo su estrategia de mercadeo considerando dos aspectos: su retorno de inversión y el costo de sus productos. Al observar que sus ganancias ya no eran las esperadas y considerando los gastos generados por concepto publicidad, decidieron estudiar las necesidades de sus clientes. De hecho, Burger King abrió en España su primera tienda cien por ciento vegetariana.

Este reinventarse fue una estrategia fantástica que les ha permitido permanecer apuntalados en el mercado por largo tiempo. Sin duda, el éxito en el campo de la comunicación, como en cualquier negocio o emprendimiento, depende de lo asertivo de tu propuesta junto con las características del contexto. Este último considera los intereses y necesidades tanto de la población como de la época.

Es aquí cuando volvemos al tema de la importancia de estudiar tu público objetivo, pensar fuera de la caja para visualizar nuevas y mejores posibilidades, analizar tu retorno de inversión y actualizarte. Si tu manera de comunicar no está dando los mejores frutos es el momento de reinventarte y ser asertivo para brindarle a tu público lo que espera de ti. ¿Hablas el idioma de tus clientes?

- **Crea un grupo focal**

Es importante que seas realista al momento de hacer ese plan de comunicación y pensar si realmente tienes público. Por lo que debes preguntarte, ¿existe un público para mi producto/servicio? Definir tus metas es el primer paso, pero no el único. Es necesario que identifiques a tu público objetivo para saber qué, cuándo y cómo te vas a comunicar.

Una técnica que te permite validar objetivamente tu producto con el mercado es el grupo focal, o como se conoce en la industria del *marketing*, *focus group*; sin embargo, contratar a una agencia de publicidad para que la aplique es sumamente costoso. En tal sentido, durante las consultorías y conferencias siempre recomiendo a mis clientes que están comenzando con presupuesto limitado, que creen un grupo focal orgánico.

Este grupo puede estar conformado por cinco, nueve u once personas que escojas para ser tu público objetivo de estudio. Pero no debe estar integrado por ningún miembro de tu núcleo familiar ni de tu círculo de amistades, porque la conexión emocional que tengan contigo influirá en su percepción del producto.

Hoy en día la tecnología ha dado la facilidad de que puedas crear este grupo focal orgánico y reunirlo por Zoom, Google Meet, WhatsApp o cualquier red social que te permita interactuar con ese público objetivo sin necesidad de trasladarse a un mismo lugar. Antes era más complicado en función de tiempo y costos porque debía hacerse obligatoriamente de manera presencial.

Si lo realizas a distancia, te recomiendo que hagas llegar con anterioridad una muestra de tu producto a cada persona de tu público objetivo de estudio. Una vez que te puedas reunir con este grupo puedes preguntarles su opinión acerca de tu producto, para que puedan evaluarlo y validarlo de manera imparcial.

Otro beneficio del grupo focal es que te permite identificar con mayor claridad cuál sería tu posible público objetivo. Por ejemplo, si vendes *jeans* y te enfocas en ofrecerlos a grupos de colegialas que muestran gran aceptación por tu producto, pero no tienen el poder adquisitivo para pagarlo, quiere decir que te estás concentrando en el público equivocado.

Tal vez debes diseñar una estrategia de ventas de tus *jeans* dirigida a mujeres profesionales o adultas jóvenes que ya poseen un empleo que les permite darse ciertos gustos y adquirir tu producto. También puedes optar por bajar los costos importándolo de China, por ejemplo, para ofrecerlo al público más joven.

Otra opción, es mejorar el diseño y calidad de tus *jeans* para ofrecerlo a un público adulto más exigente que tenga posibilidad de pagarlo. Lo cierto es que gracias a esta técnica de exploración tienes la posibilidad de determinar *a priori* la demanda de tu producto y definir tu potencial público objetivo con mayor confiabilidad antes de invertir en tu plan de comunicación estratégica.

Lo ideal es que realices este tipo de consulta —no científica— antes de hacer una inversión en tus productos a mayor escala, porque te da la libertad de explorar, equivocarte y rectificar sin sacrificar tu capital de inversión. Por esta razón, te invito a investigar constantemente a través del grupo focal, al menos una vez al año, para conocer los intereses, los cambios y tendencias en las preferencias de tu público.

Como te comenté, es solo un grupo orgánico de exploración que te ayudará a acercarte a los intereses y necesidades de tu público objetivo; pero si deseas tener mayor certeza te recomiendo contratar un grupo focal realizado por profesionales especializados en ese campo.

APRENDE A PROVOCAR EMOCIONES POSITIVAS EN TU AUDIENCIA

Este es un aspecto esencial al momento de comunicarte y lograr conectar con tu público de interés. Por ello, primero debes preguntarte cómo hacer para causar emociones agradables adecuadas a los intereses generacionales de las personas. Pregúntate, ¿qué le gusta a un *millennials,* a un *boomers* o a un Z?

Segundo, elegir los medios, recursos, canales y lenguaje que mejor se adapte a ellos. Es indispensable que te tomes el tiempo para pensar cómo comunicarte con tu público según el perfil psicológico y emocional de cada generación. Recuerda, mientras menos genéricos seamos, más exitosos podemos llegar a ser.

Antes de transmitir un mensaje debes diseñar una estrategia de comunicación que te señale el contenido y el tipo de lenguaje que acompañará a tu discurso, acorde con la elección asertiva de tu público objetivo. Para ello debes estudiar qué aspectos causan sentimientos y recuerdos gratos en las distintas generaciones.

Los mensajes y el tipo de lenguaje que emplees en ellos no transmiten solo contenido, sino también emociones; por eso es tan importante ser cuidadosos con la estrategia comunicativa a elegir. No es lo mismo tratar de conectar usando el lenguaje que genera satisfacción a un *boomers*, que con un *millennials,* y menos con un Zeta.

Muchas estrategias de ventas fracasan porque no se dirigen a su público objetivo de manera adecuada, con un lenguaje amable, que haga sentir a las personas emoción y alegría por adquirir tu producto. ¿Recuerdas la cajita *feliz* de McDonald's? La felicidad es una emoción. Muchos vendedores no utilizan la comunicación estratégica y se dirigen a sus clientes de forma demasiado directa, generando un choque. Vender está pasado de moda, está *OUT;* educar a nuestro prospecto cliente sobre mejores opciones está *IN.*

Esta forma de comunicar indudablemente produce incomodidad en los clientes y terminarán rechazando todo el contenido que ofrezcas. Lo que vende es la emoción. Las sensaciones y emociones que genere la manera de comunicarte y de dirigirte a tu público objetivo se traducirán, o no, en la aceptación de tu producto/servicio.

La intención de aprender a causar emociones al momento de comunicar es que a través de tu lenguaje y discurso produzcas placer en tu público objetivo, lo que causará la aprobación de tu contenido o producto. Una estrategia inequívoca para conectar con un público generacional es recurrir a la música, imágenes y personajes que les hagan recordar su infancia y/o momentos felices.

Detente por un momento a analizar la campaña publicitaria de Coca-Cola, siempre enfocada en mostrar imágenes y videos alusivos a compartir en familia, a disfrutar momentos gratos con amigos y seres queridos. La emoción de fondo que transmite es «felicidad». Lo que vende, más que el producto, es la emoción que generas. Al final del día somos una especie visual-emocional.

Algunas personas se vuelven tan expertas en este tema que pueden vender cualquier cosa convenciendo a su público objetivo. No sé si viste la película *El lobo de Wall Street*. Esta cinta nos muestra lo trascendental de usar el lenguaje y el discurso de la forma correcta a la hora de vender, ¡dominar esto es un verdadero arte!

ESTABLECE TUS CANALES DE COMUNICACIÓN

Es importante que identifiques cuál es tu canal de comunicación favorito o cuál utilizas con mayor frecuencia. Tal vez correos electrónicos, mensajes de texto, de voz, con *stickers* o a través de llamadas. Es probable que estas preferencias sean similares a las de algunas personas de tu grupo generacional, aunque no a las de todas.

Sin embargo, tu mayor reto es determinar con cuáles canales de comunicación se identifica tu público objetivo. Por ejemplo, si te agrada comunicarte formalmente con tus empleados a través del correo electrónico, pero ellos como parte de tu público objetivo usan mayormente el WhatsApp, recomiendo elegir este último aunque no sea el de tu preferencia.

Si solo te enfocas en lo que tú deseas es muy probable que no recibas el retorno de inversión deseado. No obstante, si centras tu atención en los intereses de tu público objetivo, automáticamente conectarás con él. El canal de comunicación que utilices para comunicarte con las personas es primordial si deseas un retorno de inversión positivo.

Si tu público es de una generación joven, o Z, debes buscar medios y formas de comunicación que se adapten a sus necesidades e intereses, como las notas de voz por WhatsApp o el uso de los *emojis* y *stickers*. En cambio, si pertenecen a una generación mayor, como los *boomers*, deberías considerar las llamadas telefónicas o los correos electrónicos. Todo dependerá de cuán formal sea la empresa y su código laboral.

Como observaste en el primer capítulo, la comunicación responde a un proceso evolutivo continuo que surge de las necesidades de las nuevas generaciones. Si te quieres comunicar con un adolescente debes tener claro que difícilmente te responderá si le haces una llamada telefónica. En este caso debes emplear un método más efectivo para los jóvenes.

Por lo tanto, si deseas recibir un retorno de inversión favorable al comunicarte, debes utilizar los mismos canales que las personas de tu público objetivo, y a la vez adecuarte a sus características generacionales. Solo así garantizarás información/ganancia de vuelta.

La comunicación constante con el cliente es importante, especialmente por las redes sociales. Es imprescindible no desconectarse del público objetivo, bien sea interno o externo. También es esencial que midas constantemente el impacto que genera tu producto o servicio a sus intereses, gustos y preferencias.

Mi mayor recomendación es que investigues. *Conoce, escudriña los gustos y preferencias de tu público objetivo.* ¡La información es poder! Todo esto con el fin de que puedas establecer una estrategia de comunicación efectiva que te permita adaptar tus medios, canales, discurso y lenguaje al tipo de público objetivo con el que quieres conectar y al que deseas causar impacto.

TU MARCA COMERCIAL NO ES
TU MARCA PERSONAL

Déjame decirte que ambas son sumamente importantes. Estos términos comúnmente son asociados y definidos como semejantes. Sin embargo, es importante que tengas claro que no son lo mismo, aunque se complementan y se fortalecen una con otra. Es posible que la mayoría de los negocios tengan una marca comercial, pero no una personal.

Todos tenemos una *marca personal* que nos define e identifica. Este es un concepto de desarrollo personal que consiste en utilizar nuestra propia imagen como una marca para consolidar relaciones sociales y profesionales de éxito. Al diseñar tu marca personal decides cómo quieres que las personas te perciban: como profesional, inversionista, experto en negocios, conferencista, motivador, *influencer*, entre otros.

Por su parte, la *marca comercial* se refiere a la imagen que transmite tu negocio. Este tipo de marca se construye con la visión de narrar la historia, visión y misión de tu empresa, negocio o emprendimiento. Esta marca debe ser elaborada, transmitida y protegida, con una imagen única que le permita diferenciarse de las demás e identificarse con un producto.

Este tema lo abordaremos en mayor profundidad en el capítulo IV para enseñarte a diseñar y construir tu marca personal desde cero. Lo que deseo en este capítulo es que aprendas a diferenciarlas y a entender la importancia de *mantener alineadas tu marca personal y tu marca comercial, como parte integral de tu plan de comunicación estratégica.*

Este es un tema muy amplio. He visto situaciones en las que un negocio carece de ambas. Puede ser que un emprendimiento tenga una marca comercial que no esté alineada con su marca personal. Por ejemplo, una corporación tiene una marca comercial enfocada en el diseño de aplicaciones para equipos celulares y *smartphones.*

Sin embargo, su dueño tiene una marca personal sólida en relación con su afición a equipos para autos de carreras. Evidentemente, el público objetivo de esta compañía nota esta inconsistencia y las ventas de sus productos se estancan. Ante esta situación, es necesario reinventar la marca personal.

El propietario de la compañía puede construir su marca personal enfocándose en especializarse en redes, estudiar estrategias de innovación tecnológica o capacitarse en temas afines al contenido de su marca comercial. Todo esto para transmitir a su público objetivo confiabilidad, porque la dirige un experto en la materia.

Un buen ejemplo de cómo se alinea a la perfección una marca personal con una comercial es el caso de la exitosa periodista norteamericana Oprah Winfrey, cuya marca personal es mundialmente conocida y constantemente le aporta solidez, por medio de sus redes sociales, a su marca comercial de cadena de televisión. El objetivo de las marcas es que una le aporte contenido de valor a la otra.

Lo mismo ocurre con marcas personales que le aportan un valor inmenso a sus marcas comerciales, como es el caso de

Elon Musk y sus compañías PayPal, SpaceX, Hyperloop, So-larCity, The Boring Company, Neuralink, OpenAI y Tesla. También Richard Branson con las trescientas sesenta empresas que conforman su compañía, Virgin Group.

Si algo comunica a tu público objetivo son tus marcas. Es por ello que debes prestarles atención de manera estratégica. Cuida los detalles que denotan consistencia entre lo que transmite tu imagen personal y lo que refleja la marca comercial de tu emprendimiento. La marca es tu huella digital, tu DNA.

Si deseas crear una empresa dedicada a la codificación de redes o *coding*, debes estar asociado a la creación de contactos —*networking*— y atender detalles como en qué empresas estás ofreciéndote para hablar como conferencista, los medios con los que estás colaborando para la creación de blogs o la información profesional y laboral que ofrezcas en la red social para profesionales LinkedIn.

Para nadie es un secreto la influencia que tienen las redes sociales en la colectividad. Es así como a través de ellas puedes diseñar contenido de valor para dar a conocer tus marcas e interactuar con un público objetivo cada vez más amplio. Muestra de ello son Instagram, Facebook, YouTube, LinkedIn, TikTok, entre otros.

Es indispensable que inviertas en acciones que fortalezcan tus marcas, como la forma en que te mantienes en contacto con tu público objetivo a través de las redes sociales, el lenguaje y el discurso que utilizas para generar emociones que atraigan y mantengan conectados a tus clientes o el tiempo y los recursos que empleas para diseñar tus presentaciones.

¡HORA DE EJERCITARNOS!

Antes de culminar este capítulo es importante que recuerdes y tengas presentes las siguientes recomendaciones para garantizar que tu comunicación sea efectiva:

- Antes de comunicar un mensaje define cuál es tu meta.

- Tus metas deben estar alineadas con lo que deseas comunicar.

- Tu producto/servicio debe estar validado por los intereses de tu público objetivo.

- El público objetivo interno se integra por las personas más cercanas de tu círculo familiar, laboral y profesional.

- El público objetivo externo está conformado por las personas claves de tu círculo laboral, como clientes y prospectos clientes.

- Recuerda la palabra clave *stokear* o s*talkear* para detenerte a investigar todo lo concerniente a tu público objetivo.

- Adecúa tu lenguaje y discurso a las demandas generacionales de tu público objetivo.

- Aprende a causar emociones en otros. Para ello debes usar palabras que generen una conexión humana e imágenes visuales que forjen un lazo emocional.

- Lo que vende son las emociones que generas.

- No utilices todos los canales de comunicación a la vez, elige los que utilizan y causan mayor efecto en tu público objetivo.

- Debes crear un plan estratégico de comunicación para generar el mayor retorno de inversión en el menor tiempo posible.

- Sigue este mandamiento: *conectar tu producto con una emoción.*

¡RETO DEL CAPÍTULO!

1. Pregunta a nueve personas cercanas a ti cuáles son los tres adjetivos que vienen a su mente cuando escuchan tu nombre. Escríbelos.

n.º	Personas	Adjetivos		
1				
2				
3				
4				
5				
6				
7				
8				
9				

- Cuenta los adjetivos que se repiten y escribe el que aparece con mayor frecuencia.

_____

_____

(Esa es tu marca personal actual).

- ¿La marca personal que descubriste está alineada con tus metas profesionales y personales, o no?

_____

_____

- ¿Cómo tu marca y logo cuentan la historia de tu negocio?

_____

_____

- ¿Con quiénes deseas conectar?

_____

_____

- ¿Con qué emoción deseas dejar a tu público objetivo después de comunicar tu mensaje?

_____

_____

2. Crea un avatar de tu cliente ideal.

Escanea este código para disfrutar
del material audiovisual del capítulo.

CAPÍTULO III

IDENTIFICA TU META

La forma en que nos comunicamos con otros y con nosotros mismos determina la calidad de nuestras vidas.

Anthony Robbins
Motivador internacional.

YA TIENES A TU PÚBLICO.
AHORA, ¡DEFINAMOS LA META!

En este momento te preguntarás, ¿por qué volver al tema de las metas si ya fue comentado en el capítulo anterior? Aunque ya lo tocamos, debes saber que el camino hacia el descubrimiento de tus metas apenas comienza. A partir de este instante te invito a profundizar en este maravilloso término; te aseguro que tu visión al respecto cambiará considerablemente. ¡Acompáñame!

Las metas son entendidas como el fin deseado. Son los objetivos que te propones. A diferencia de los sueños, que se fundamentan en aspiraciones abstractas, las metas facilitan la visualización de acciones concretas cuya realización nos acerca cada vez más a ellas.

Por esta razón, las metas se dividen en períodos definidos: a corto plazo —máximo tres meses—, a mediano plazo —aproximadamente seis meses— y a largo plazo —de doce a dieciocho meses—. Esto tiene como función permitir que organices mejor tus acciones y tareas en el tiempo.

Al momento de establecer tus metas debes definir las que son a corto, a mediano y a largo plazo; este aspecto es esencial tanto para las empresas como para tu plan de comunicación. En términos de inversión financiera procura hacerlo solo en estrategias a corto plazo. Evita compromisos que te aten a largo plazo; aunque son costo-efectivos podrían atarte y no permitirte ser flexible ante cambios en el patrón de consumo de tus clientes.

Esta recomendación proviene de lo que aprendimos cuando apareció la pandemia del COVID-19, la cual convulsionó al mundo entero y nos enseñó que las circunstancias del mercado y las preferencias de los consumidores pueden cambiar drásticamente de un momento a otro, sin avisar.

Por ejemplo, si hiciste un contrato a largo plazo con una emisora de radio, con una televisora para un comercial o con una revista con el propósito de comunicar tu producto o servicio, podrías perder el retorno de inversión debido a posibles cambios en el mercado.

Si deseas invertir procura que sea a corto plazo, porque las circunstancias del comercio y las necesidades e intereses de tus clientes pueden variar. Nos encontramos en un momento histórico en el cual los suplidores están bastante abiertos a negociar contratos; toma ventaja para que tengas algo de flexibilidad.

Las metas a corto plazo, con una duración aproximada a tres meses, están recomendadas para inversiones en medios publicitarios. La razón fundamental de esto es que si te suscribes a ellos mes a mes, realmente puede ser no rentable para ti; y si lo haces por largos períodos, de seis a doce meses, difícilmente obtendrás el retorno de inversión deseado.

Antes era productivo invertir en este tipo de paquetes a seis meses, y mejor a un año. No obstante, debemos adaptarnos a los cambios del mundo y a un mercado muy fluctuante. De hecho, pudiste observar que en el mes de febrero de 2020 el mercado tenía una dinámica completamente distinta a lo que comenzaste a vivir a partir de marzo del mismo año.

La economía se transformó en su totalidad de un momento a otro; y como seres pensantes, cuya capacidad intelectual se ve reflejada en su habilidad para adaptarse a las nuevas circunstancias, tenemos la opción de aprender de estos cambios. Es por eso que debemos considerar con mucha cautela nuestras inversiones en comunicación.

Si no tienes un plan claro y preciso será muy difícil que recibas tu retorno de inversión. Por ejemplo, si deseas crear un espacio colaborativo de trabajo para emprendedores o *coworking space*, entonces debes empezar por dividir las metas.

- **Meta 1:** crear un avatar de tu cliente ideal y diseñar una campaña de comunicación en canales donde habita tu comunidad de clientes.

- **Meta 2:** promocionar y ofrecer salones cómodos y funcionales para empresas que no cuentan con suficiente espacio para sus reuniones.

- **Meta 3:** añadir a tu sala de trabajo colaborativo un espacio especial para vender café.

- **Meta 4:** crear un segundo *coworking space* en otra ciudad.

¿Te das cuenta de la importancia de tener claridad en tus metas y definirlas a corto, mediano y largo plazo? De lo contrario, tu retorno de inversión sería muy limitado si no se alinea con tu plan de comunicación estratégica. Como ves, las metas no se aplican a solo inversión de dinero, sino también a tus metas de emprendimiento o de comunicación de tu producto/servicio.

Si no tienes claridad en tus metas a corto, mediano y largo plazo tus acciones se verán limitadas con relación a tu plan de comunicación estratégica. Puedes organizar tus actividades semanales, mensuales, trimestrales, semestrales y anuales. De hecho, existen proyectos de inversión en el que se establecen hojas de ruta mensuales.

La idea no es que te pongas esa presión del día y la hora que establece la hoja de ruta, sino que tengas un norte. Si no sabes a dónde vas, es muy difícil que puedas crear un plan estratégico. Esa hoja de ruta no es una camisa de fuerza, sino una guía que simplemente te va a permitir tomar decisiones inteligentes.

Una vez que vía *online* le comunicas al mundo que tienes un producto o servicio, automáticamente van a empezar a lloverte ofertas de todos lados con personas, aplicaciones y páginas que quieren que utilices su canal de comunicación para conectar con tu público objetivo, como periódicos, revistas, o vallas publicitarias.

En fin, van a empezar a mostrarse muchas opciones *online/ offline* que puedes utilizar. ¡Ojo! Debes tener mucho cuidado con caer en la tentación de tomar cualquiera o muchas de ellas. Esa acción precipitada podría desviarte de tu objetivo y presupuesto. Por eso es tan importante que definas claramente tus metas.

Existe una relación directa entre inventario y canal de comunicación, que puede ser igual a éxito o fracaso total. Imagina que vendes camisas hechas a mano diseñadas con mensajes positivos. En este momento tienes unas veinticinco en inventario. Un buen amigo te ofrece una página completa de un magazín muy leído a libre costo…

¿Qué decisión tomarías? ¿Qué pasaría si colocaras un anuncio y se llenaran tus redes con peticiones de compra que no pudieras suplir? Esta situación se traduciría más en fracaso que en éxito, aunque utilizaras un canal perfecto para llegar a tu cliente.

Si eres una persona estratégica escogerás solo lo que necesites y no caerás en la tentación de invertir en opciones que puedan ocasionarte estancamiento o pérdida de tu inversión, especialmente si te topas con un vendedor experto que puede convencerte fácilmente. Las metas bien definidas te permiten discernir cuál, cómo y cuándo emplear un recurso u otro para comunicarte con tus clientes.

Si no tienes una hoja de ruta, no sabrás cuáles son tus metas a corto, mediano o largo plazo y no podrás distinguir claramente cuándo una inversión es correcta para el momento y cuándo no. Tal vez un canal no sea recomendable ahora, pero puede ser una excelente oportunidad más adelante. Enfócate en el crecimiento sostenido.

También puede ayudarte a administrar mejor tu presupuesto, o si puedes aumentarlo en adelante. Esa certeza y confianza la obtienes a partir de establecer tus metas a corto, mediano y largo plazo. Mi recomendación absoluta es *define tus metas*.

Trázate una hoja de ruta para que no te dejes llevar por tus emociones y puedas tomar decisiones correctas.

La clave al momento de invertir es más asertividad y menos emoción. Tú pensarás, ¿será que Vanessa no se emociona al momento de invertir? Bueno, la verdad te confieso que soy una compradora sumamente emocional. ¿La diferencia? Que he aprendido a educar mis emociones. Si yo pude, tú también puedes.

Por ejemplo, si sé que este fin de semana es la graduación de mi hija debo dejar de lado la idea de ir de vacaciones a Punta Cana. Ambas circunstancias poseen una fuerte carga emocional, pero debo decidirme por la que esté más acorde con mis metas y prioridades. La información es poder. Así que mientras más información tienes acerca de tus metas más poder tienes sobre tu proyecto o plan de comunicación.

Crea tu estilo

¿CÓMO INTERACTÚAS CON TUS CLIENTES?

Todos tenemos un estilo predominante que aplica a nuestra forma de comunicar. Identifica tu estilo de comunicación, ¿es pasivo, agresivo o asertivo? Mi intención es que descubras de qué manera te has estado comunicando con tu público interno/externo y decidas cuál es la que realmente te ayudará a lograr tus metas.

Estarás pensando, pero ¿puedo elegir el estilo de comunicación que necesito? Déjame decirte que sí es posible. Puedes mejorar el modo de comunicarte a través del entrenamiento en habilidades sociales. Dos elementos esenciales para el desarrollo de estas habilidades son la empatía y la asertividad para con tus clientes.

Hoy en día es esencial trabajar en las habilidades sociales que te garanticen mantener una comunicación armónica y efectiva con los demás. Estudios estadísticos de firmas de investigación en recursos humanos revelan que las llamadas «habilidades blandas», como la comunicación efectiva y la empatía, son las más valoradas por los reclutadores para las empresas.

Cuando sabes cómo manejar los estilos de comunicación de acuerdo con tu público objetivo evitas conflictos y malentendidos que puedan perjudicar tu relación con los demás y hacerte proyectar una imagen negativa de tu marca y de ti como persona. Por esta razón, voy a explicarte un poco más acerca de cada uno de estos estilos de comunicación.

Una vez que los conozcas podrás percibir sus pros y sus contras, y orientar tu entrenamiento en habilidades comunicativas hacia un estilo más asertivo que te permita expresarte de forma eficaz, influenciar y proyectar una imagen positiva y empoderada de ti. Básicamente, existen tres estilos de comunicación: el agresivo, el pasivo y el asertivo. ¡Acompáñame a conocerlos!

1. Estilo pasivo

La comunicación pasiva la poseen personas a quienes se les dificulta en gran manera expresar sus pensamientos o puntos de vista por miedo al enfrentamiento con los demás. Normalmente, no se consideran aptos para proporcionar juicios u opiniones.

Características

- No expresan opinión o disgusto.

- Se disculpan antes de expresar alguna opinión.

- Pobre contacto visual.

- Tienden a cruzarse de brazos o a protegerse con el cuerpo.

- Tono de voz muy bajo.

- Sonríen poco.

- Proyectan temor.

- Piden permiso para hablar.

- Emociones: frustración, coraje, tristeza.

Ejemplo

Imagina por un momento que trabajas en una de las compañías más famosas y estables del mercado. Te encuentras presentando una propuesta de proyecto para la nueva campaña de *marketing* del primer trimestre del año y varias de las personas que se encuentran presentes no muestran agrado por tu planteamiento.

Si eres una persona con un estilo pasivo de comunicación puedes percibir el rechazo de los interlocutores a partir de la comunicación no verbal que proyectan. Ante la opinión negativa de los demás sientes frustración e impotencia, afectando la claridad de tus ideas para argumentar y defender tu punto de vista.

Lo más probable es que optes por no preguntar o conversar con los asistentes sobre los puntos fuertes y oportunidades de la propuesta. Sientes tristeza y frustración y terminas por descartar la presentación.

2. Estilo agresivo

Las personas que mantienen este estilo de comunicación están muy seguras de su opinión. Tienen dificultad para escuchar y aceptar las opiniones de sus compañeros, confrontándolos constantemente para imponer sus propias ideas.

Características

- Utiliza expresiones autoritarias como «haz» o «deberías».

- A veces emplea palabras neutras en las que se hace referencia únicamente a aspectos personales y necesidades individuales del *yo*.

- Utilización de absolutos: siempre y nunca.

- No pide opinión ni recomendaciones.

- Omite los correos electrónicos o no los contesta a tiempo.

- Cierra la puerta de la oficina sin comunicarlo al equipo.

- Toma decisiones que afectan al entorno laboral sin consultarlas.

- Expresan solo su opinión.

- Proyectan enojo.

- Casi nunca sonríen.

- Se les dificulta escuchar las opiniones de otros.

- Tono de voz muy alto.

- Emplea un contacto visual intenso, casi amenazador.

- Emociones: frustración, coraje, tristeza.

Ejemplo

Retomando el ejemplo en el que presentas una propuesta de proyecto para la nueva campaña de *marketing* de la empresa en la que laboras y varios de los interlocutores expresan su desacuerdo con tu idea a través del lenguaje no verbal, inmediatamente reaccionas con enfado si posees un estilo agresivo de comunicación.

Y no se quedaría allí… Harías todo lo que estuviera a tu alcance para que tus ideas fuesen aprobadas, porque no podrías concebir que los demás no aceptaran lo bueno de tu propuesta. Si alguno de los presentes tratara de intervenir para dar una opinión contraria, inmediatamente lo interrumpirías para imponer la tuya, no te dejarías quitar el protagonismo fácilmente.

3. Estilo asertivo

La comunicación asertiva es la habilidad comunicativa que tienen las personas para expresar su punto de vista de un modo claro, elocuente y respetuoso, manteniendo una actitud de empatía con el interlocutor. Saben cómo argumentar sus opiniones. Utilizan estrategias de comunicación verbal y no verbal para proyectar seguridad, simpatía, tranquilidad y confianza.

Características

- Expresan su opinión con claridad y respeto.

- Escuchan con detenimiento la opinión de otros.

- Mantienen el acercamiento y el contacto visual.

- Usan un tono de voz acorde al ambiente.

- Expresan sus sentimientos de manera efectiva.

- Proyectan seguridad.

- Sonríen casi siempre.

- Tienen autoestima alta.

- Poseen habilidades de comunicación.

- Emociones: seguridad, paz, satisfacción, alegría.

Ejemplo

Manteniendo el ejemplo de la presentación de la propuesta de *marketing* en la que varias personas expresan a través de la comunicación no verbal su desacuerdo, si eres una persona que mantiene un estilo de comunicación asertiva eres capaz de comprender y aceptar el punto de vista de los demás, incluso si se encuentran en completo desacuerdo contigo.

Sin embargo, esto no te limita para defender tu postura con argumentos sólidos, de manera calmada pero firme. Escuchas con atención sus discrepancias de tu propuesta, agradeces las preguntas u opiniones y logras expresar tus ideas con fluidez, claridad y entereza destacando los aspectos de tu proyecto que beneficiarían la imagen de la empresa.

¿TU ESTILO ESTÁ ALINEADO CON TU META?

¡Sí, seguimos hablando de comunicación! Si quieres causar impacto en tu entorno al momento de comunicar, lo ideal es que la forma en que lo hagas sea efectiva para el logro de tus metas, y esto solo es posible a través del estilo de comunicación asertiva. Este modo es ideal para que diseñes tu plan de comunicación estratégica.

¡No te preocupes! Todos tenemos la capacidad de desarrollar las habilidades sociales necesarias que permitirán alcanzarlo. Trabaja en dominar tus emociones, si es necesario busca apoyo profesional para hacerlo. Rodéate de personas, pregunta, conversa, indaga sobre lo que la gente prefiere y lo que rechaza.

Redescubre los anhelos, gustos y características que te definen como persona. Identifica qué aspectos diferencian tu marca. Necesitas saber lo que desean tus clientes y qué puedes ofrecerles. Debes conocer el mercado, detectar las necesidades de tu público objetivo y perfilar ese estilo que te diferencia del resto.

Estos aspectos son esenciales al momento de emprender. Para triunfar no necesariamente tienes que hacer algo novedoso que nunca nadie había hecho. Los *coworking space*s ya existen, así como los cafés, las tiendas de ropa *online*, los creadores de aplicaciones, entre otros. De hecho, la rueda fue inventada hace miles de años.

Sin embargo, muchas personas venden ruedas y unas son más famosas que otras. La pregunta es… ¿qué hace a tu rueda única? La respuesta es muy sencilla: la experiencia que ofreces es lo que el cliente espera, y la forma verbal y no verbal en que te comunicas genera emociones satisfactorias en tu público.

¡Eres una rueda única y existen clientes esperando ansiosos por utilizarla!

Por ejemplo, si deseas emprender en un *coworking space* o espacio colaborativo debes pensar cómo vas a presentar a tu público la experiencia que ofreces. Puedes usar fotos o videos, enfocarte en captar la atención de tus clientes potenciales ofreciéndoles el confort de un ambiente laboral agradable en el que compartirá experiencias, charlas o un café.

Puedes ofrecer un lugar de trabajo en el que tus clientes tendrán la libertad de alternar con otras personas y nutrirse de nuevas experiencias en vez de estar sentados solos en el sofá de su casa; un espacio que los va a hacer sentir dueños de su empresa y les va a permitir manejar sus emprendimientos como todos unos profesionales, y a bajo costo.

También puedes hacer testimoniales en el que tus clientes satisfechos narren su experiencia. Tal vez puedes publicar memes alusivos a la interacción que ofrece un espacio colaborativo. La manera como te proyectas y presentas tu empresa o producto va generando tu estilo, y este es sumamente importante.

Al final del día todo esto hará que tu marca y estilo se destaquen del resto y podrás ofrecer un producto o servicio único en el mercado. Debes recalcar aquello que te representa —marca personal— y a lo que ofreces —marca comercial— para diferenciarte y generar confianza. De allí la importancia de que tu estilo sea consistente con tu modo de comunicar.

Muchas marcas fracasan por incoherencias como esta: imagina que a diario visitas una tienda, y el dueño un día te recibe con una agradable sonrisa y un «¡excelente día!». Al día siguiente solo te da la mano. En otra oportunidad, te saluda asintiendo con la cabeza y te ustedea. Después te recibe con una broma. ¿Cómo te sentirías?

¡Seguramente experimentarías una gran confusión! Es muy difícil crear una relación de confianza con alguien o con una marca que no es consistente al momento de comunicar, porque se pierde la credibilidad. Desde el punto de vista de la comunicación no verbal también es imprescindible definir el estilo con el que te comunicas.

Recuerda que todo comunica, como lo indica mi *hashtag* #TodoComunica. Debe existir congruencia entre las maneras verbal y no verbal de expresarte. Cuando decidas diseñar tu estrategia de comunicación es necesario que prestes atención a estos pequeños detalles y mantengas un estilo asertivo de comunicación.

Retomando el ejemplo del *coworking space*, cada detalle cuenta: el olor que tenga tu espacio, los colores que hayas elegido para activar emociones en tus clientes, la música que se escuche de fondo, tu manera de vestir y la de tu equipo de trabajo, los colores que utilicen en sus atuendos o si muestras una frase inspiradora propia de tu marca.

Los mensajes que cuelgas en las paredes transmiten una información poderosa. También el tipo de iluminación en tu espacio de trabajo, si es solo luz artificial —amarilla o blanca— o luz natural con grandes ventanales. Otro aspecto a considerar es la ventilación. Ten presente que la temperatura influye en el estado de ánimo de las personas. *Estos detalles son también estrategias de comunicación no verbal.*

Por esta razón debes estudiar si tu espacio de trabajo colaborativo ofrece a tu público objetivo un lugar de concepto abierto que transmite libertad y amplitud. Si el espacio es completamente cerrado debes asegurarte de que la calidad del aire acondicionado que circule sea agradable para tus clientes.

No lo olvides, la calidad de tu producto es parte del valor de tu servicio, pero lo que conecta con tu público es la experiencia que ofreces y las emociones que generas con tu manera de comunicar. Esto no se refiere solo a lo que hablas, sino también a lo que expresan tu lenguaje corporal y el diseño del ambiente.

Lo que los clientes compran no es el producto sino la experiencia. Un claro ejemplo de esto lo podemos observar en la experiencia de felicidad que ofrecen los productos Coca-Cola, o en el placer de disfrutar de un buen café de Starbucks. Las sensaciones gratificantes y el estatus de estas marcas es lo que les permite mantenerse en los altos estándares del mercado.

Estas empresas cuidan los pormenores y generan siempre emociones sumamente gratificantes. Cada detalle fortalece tu estilo al momento de comunicar la experiencia que ofreces a través de tu producto o servicio. Para comunicar es muy importante que el lenguaje que emplees sea coherente, amigable y que le ofrezca a tu público objetivo toda una sensación placentera para conectar con sus emociones.

La experiencia que ofrezcas hará que tu producto/servicio sea diferente, no importa si no eres una gran marca, para que tu emprendimiento establezca un estilo sólido. Tú puedes desarrollarlo perfectamente sin necesidad de invertir grandes cantidades de dinero, solo identificando en qué se destaca tu oferta y conociendo muy bien a tu avatar.

Debe existir coherencia entre el mercado, tu producto y el avatar que creaste para reconocer tu marca. Como dice el adagio popular, «aprende de todo el mundo e imita a nadie».

CÓMO ALINEAR TUS PROYECTOS
CON UNA FINALIDAD

Para alinear tus proyectos con tu finalidad debes establecer de manera precisa tu misión y visión. Muchos pequeños y medianos emprendimientos olvidan este factor tan importante para guiarse, lo que les hace fácil perderse en el camino. A continuación te mencionaré algunos ejemplos ficticios para que puedas diseñar y establecer con mayor facilidad tu misión y visión:

*   **Compañía de productos veganos**

    Misión: contribuir a la nutrición, salud y bienestar de las personas, poniendo a su disposición productos de máxima calidad con pleno respeto por la vida animal y conciencia del cuidado del ambiente.

    Visión: ser reconocidos a nivel nacional como una empresa líder en nutrición, salud y bienestar humano, animal y ambiental.

*   **Colegio para personas con altas capacidades**

    Misión: formar a los niños y jóvenes con altas capacidades en un ambiente educativo que les permita ejercer su autonomía y favorecer sus potencialidades y habilidades sociales para el desarrollo pleno de su personalidad.

    Visión: formar a los líderes del mañana con altos estándares de preparación académica y valores ajustados a las necesidades de la humanidad.

Estos son algunos ejemplos que pueden servirte para que tengas una idea más clara de ambos conceptos. Si desconoces la misión y la visión de tu proyecto, empresa o emprendimiento, no puedes esperar que otros sepan la finalidad de tu producto/servicio y te será muy difícil poder conectar con tu público objetivo.

Para que lo tengas en cuenta, la misión se refiere a para qué y la visión a dónde quiero llegar. La misión define el propósito y la función de un producto/servicio y lo transmite claramente al público objetivo. En mi caso, Vanessa, soy cofundadora de una organización sin fines de lucro llamada Mujer Emprende Latina.

La misión de esta organización es promover el emprendimiento femenino como medio para que toda mujer pueda empoderarse y tomar decisiones independientes. Ahora te pregunto, ¿cómo quieres que los demás te vean a largo plazo? Este aspecto se refiere a la visión, la cual involucra la forma como proyectas tu marca y producto para posicionarte en el mercado.

Un ejemplo de esto lo puedes observar en la marca Mujer Emprende Latina, la cual tiene como visión ser reconocida como una organización líder en promover el emprendimiento femenino en Latinoamérica y en todas las comunidades de habla hispana en los Estados Unidos. Es una marca que transmite poder a todas las mujeres de habla hispana.

En resumen, la misión se refiere al propósito, al para qué se creó tu producto, mientras que la visión se enfoca hacia cómo te ves en el futuro para posicionarte en el mercado. No necesariamente tienes que ser un emprendedor para tener una misión y una visión. Puedes trabajar para una empresa y tener tus propias metas como intraemprendedor.

Es importante que establezcas tu misión y visión porque será la brújula que te guíe hacia el logro de tu objetivo. Si no tienes ninguna de las dos es muy fácil que te pierdas en el camino. Cabe destacar que la misión y la visión pueden ser flexibles y evolucionar, siempre y cuando estén alineados con tu propósito.

Primero, debes empezar por saber cuál es tu finalidad. Para ello debes responderte, ¿es generar clientes nuevos?, ¿es un reconocimiento de marca?, ¿es alcanzar un nuevo puesto en la empresa para la cual trabajas?

En el caso de que tengas muchas ventas pero cuando hablas de tu marca no la identifican, significa que necesitas enfocarte en un plan de reconocimiento de marca. Recomiendo que estructures una misión y visión tanto para tu marca personal como para tu marca comercial. La finalidad te va a ayudar a elegir el canal de comunicación.

Si la misión y la visión alineadas con la finalidad de tu empresa están centradas en educar, entonces el canal ideal que deberías elegir para comunicar tu marca es YouTube. También puedes generar blogs o compartir en redes sociales. Mi recomendación es que tengas una página de Internet o *website,* así sea sencilla.

Es una herramienta básica y costo-efectiva que no te limita ni te hace dependiente de otras plataformas y aplicaciones. Tú y yo, como la mayoría de los mortales, no somos cofundadores de Facebook, YouTube, o Twitter; por lo tanto, no podemos ser completamente dependientes de ellas.

Un portal de Internet es una página exclusivamente tuya; tienes libertad plena para diseñarla según tu estilo, con todo el control de lo que se publica, tus datos personales, números de contacto o información de interés. En esa página puedes generar blogs que puedes compartir en las redes sociales.

Esta recomendación te la doy a partir de conocer muchos casos de personas que centraron su trabajo en una sola aplicación de otro propietario. Ocurrió que estas fallaron y terminaron por perder todo su contenido. Te voy a contar el caso de un joven *influencer*, muy famoso en Puerto Rico, llamado Daniel el Travieso. Una vez asistí a uno de sus eventos, donde compartió que tenía una cantidad muy importante de seguidores en una sola red social.

Resulta que esta red social fue comprada por otro propietario y este joven terminó perdiendo su cuenta, y con ella la gran cantidad de seguidores que había obtenido tiempo atrás con tanto esfuerzo. Esta situación le ocasionó una pérdida considerable de recursos, auspicios y tiempo, por lo que tuvo que empezar desde cero.

Esto no habría sucedido si el joven no hubiese dependido de una sola red social. Hoy en día, él ha logrado levantarse nuevamente. Sin embargo, en sus charlas siempre comenta «no pongas todos los huevos en una sola canasta». Esa lección la aprendió muy bien y ahora nos la enseña a todos, que no debemos fiarnos de un canal que no nos pertenece.

Es por ello, que te recomiendo poner tu mayor esfuerzo en un canal de comunicación propio, en el que tengas pleno control y autonomía. Así que te sugiero crear tu propio portal de Internet. A nivel personal, utilizo diversos canales, como las redes sociales Facebook, Instagram, Gmail y Twitter.

Sin embargo, como principal canal para promocionar mi marca he creado mi página (https://www.comm4success.com), en la que diseño y distribuyo todo el contenido de lo que voy a comunicar. Las redes sociales son excelentes aliadas, pero no podemos ser completamente dependientes de ellas.

En el mes de octubre de 2021, muchas empresas que vendían sus productos exclusivamente por algunas redes sociales perdieron millones de dólares cuando, por un día, se generó una falla en el servidor que ocasionó la caída de las plataformas Facebook, Instagram, Twitter, entre otras.

Este suceso valida por completo mi recomendación. Recuerda, siempre debes tener un espacio personal para establecer tu plan de comunicación estratégica, y ese es tu página personal de Internet. Procura, de ahora en adelante, hacer inversiones inteligentes que no te ocasionen pérdida de recursos ni de tiempo.

ALINEANDO TU META CON TU FORMA DE COMUNICAR

A veces los emprendedores podemos perdernos tratando de capturar cosas del momento y terminamos por abandonar la identidad de la marca. Puedes tener un estilo jocoso y alegre de comunicar tu marca, pero no puedes perder de vista la meta que deseas alcanzar. Por esta razón, debes tener una finalidad y estilo bien definidos y alineados con tus metas.

Si tu estilo hace que tu página genere una cierta cantidad de memes muy comentados y aceptados, pero que no te están produciendo ningún tipo de ventas o ingreso de dinero, en realidad estás perdiendo aunque creas que ganas. Es excelente que todo el mundo te siga, pero no lo es tanto si no te genera ningún tipo de ganancia económica.

Si eres un *influencer* que tal vez necesitas ser reconocido por tu público, la gran cantidad de seguidores que obtuviste por los memes generados puede ayudarte a ser invitado a programas de grandes cadenas de televisión y de radio que pudieran producirte algún tipo de beneficio económico, o ser identificado por marcas que desean que promociones su producto.

Pero si eres un emprendedor que necesita posicionar su producto en el mercado y tus seguidores los generaste a partir de memes, difícilmente puede traducirse en ventas, a menos que el contenido de comunicación al diseñar los memes transmita información estratégica que incentive a tus seguidores a adquirir tu producto.

En este sentido, es importante tener un *mix* de *marketing* en el que puedas combinar diferentes fuentes de contenido, para agregarle valor a tu producto y afianzar el compromiso con tu público sin saturar al cliente. Para ello debes organizar eficazmente los canales, la información y los recursos, e incluirlos en tu plan de comunicación estratégica. Un calendario de contenido mensual es altamente recomendado.

Por ejemplo, los lunes puedes comunicar a tu público objetivo información referente al producto/servicio que ofreces; los martes son de inspiración, con mensajes y frases motivacionales para crear emociones en tus clientes. Los miércoles puedes publicar solo las ofertas y los viernes variar con un poco de humor.

Es importante que estudies el mercado y sepas que en términos de contenido las ventas directas son poco efectivas. Actualmente las personas buscan contenido de valor y educación para tomar su decisión de compra.

Toda esta información se reduce a una sola frase: elaborar tu plan de comunicación estratégica. No importa si eres un *influencer*, un vendedor, un estudiante, un intraemprendedor, o un empresario, es indispensable que establezcas claramente tu estilo y que esté completamente alineado con tu meta, finalidad, misión y visión. ¿Tiene sentido hasta ahora nuestra conversación?

Existen los emprendedores que lideran y gestionan su propia empresa, y los hay que trabajan para una empresa, pero tienen metas muy claras para surgir dentro de la misma. Este es un aspecto que muy pocas personas toman en cuenta: quienes trabajan para una empresa también son emprendedores, de allí el término intraemprendedor.

Si eres uno de ellos, déjame decirte que tú eres una marca cuyas habilidades permitieron que la empresa en la cual trabajas contratara tus servicios. Representas tu propio emprendimiento y marca, que ofrece su talento a una empresa con la que has firmado un contrato de servicios profesionales en el que se benefician ambas partes.

Como marca, puedes aspirar a escalar a lo más alto de la empresa para buscar mejores beneficios, y esforzarte por ofrecer un servicio de excelente calidad. La gran mayoría de los trabajadores no se ven como emprendedores ni como empresarios y mucho menos como marca.

Por esta razón, no trabajan ni se esfuerzan por mejorar como profesionales o para añadirle contenido de valor a su marca y proyectarla en la empresa en la cual trabajan. No lo olvides, ¡eres una marca, un intraemprendedor profesional!

Si la calidad del servicio que ofreces no se corresponde con los beneficios que obtienes, tienes plena libertad de buscar mejores oportunidades en otra empresa o iniciar un emprendimiento propio. Recuerda: no eres solo un empleado, sino que representas a una marca que ofrece un servicio de alta calidad que otro necesita.

¡Eres una empresa! Con tu propia marca, con tus propias metas y estilo, solo necesitas establecer tu finalidad, misión y visión. Si no te habías dado cuenta de esto, es hora de que empieces a trabajar en tu marca personal hasta hacerla tan reluciente que los demás puedan verla a distancia.

NOTAS PARA TENER EN CUENTA

- Identifica tu meta.

- Selecciona las metas a corto, mediano y largo plazo.

- En la medida de lo posible invierte en contenido publicitario solo a mediano plazo.

- Establece tu misión y visión.

- Alinea tu misión y visión con la finalidad de tus metas.

- Estudia el mercado global.

- Estudia las necesidades e intereses de tu público objetivo.

- Trabaja en un estilo de comunicación asertivo.

- Perfila el estilo de tu marca personal y comercial para ofrecerlo de manera atrayente a tu público objetivo.

- Ofrece productos/servicios que generen emociones gratificantes en tus clientes.

- Tú eres y representas tu marca.

Respóndete...

- ¿Tienes una marca personal definida?

_____

_____

- ¿Cómo estás proyectando tu marca personal?

_____

_____

- ¿Lo que proyectas representa lo que en realidad eres?

_____

_____

- ¿Cómo puedes mejorar lo que proyecta tu marca personal?

_____

_____

Escanea este código para disfrutar
del material audiovisual del capítulo.

CAPÍTULO IV

TU CAJA DE HERRAMIENTAS
PARA CREAR UNAMARCA EXITOSA

Tu huella digital te hace único e irrepetible. Y ese es tu superpoder.

Vanessa Marzán Toro

LAS MARCAS EXITOSAS NO NACEN, SE CONSTRUYEN CON ESTRATEGIA

En este capítulo abordaremos en detalle, de forma sencilla pero eficaz, cómo elaborar tu marca con éxito. Las marcas son diferentes en términos de estilo, voz y diseño. Una vez escuché una frase que me impactó: «Un producto sin marca es una mera mercancía». Para empezar, te invito a conocer un poco más sobre el tema abordando su definición e importancia.

Para que lo entiendas mejor, tu marca es para ti lo que una bandera simboliza para un país. Así como cada bandera posee un diseño, colores y un mensaje particular que representa los valores, principios y aspectos resaltantes de una determinada nación, de la misma manera la marca representa a tu negocio. Así de importante; así de fascinante.

Según la Asociación Americana de Marketing (AMA), una marca es «un nombre, un término, una señal, un símbolo, un diseño, o una combinación de algunos de ellos, que identifica productos y servicios de una empresa y los diferencia de los competidores». Como puedes observar en esta definición, existen dos palabras claves: *identificar y diferenciar.*

Ahora te preguntarás, ¿para qué crear una marca para tu producto o servicio? Una marca le aporta a tu imagen y negocio múltiples beneficios, entre los cuales se pueden mencionar: te ayuda a diferenciarte de otras marcas aunque ofrezcas el mismo producto, te posiciona en los primeros puestos del mercado, impulsa el *networking* de tu empresa.

Por otra parte, crea confianza en tu negocio, le otorga una reputación estable, le aporta prestigio a tu empresa, ejerce influencia sobre tu público objetivo, crea una comunidad de mercadeo, promueve la atracción hacia tu producto/servicio, te permite diversificarte según las características y necesidades de tus clientes. Ya no serás genérico, tendrás identidad.

Una marca le aporta contenido de valor a tu emprendimiento y es el centro que refleja el concepto de tu negocio: cómo luce —diseño—, el mensaje que transmite —voz— y las relaciones que propicia —servicio que ofrece al cliente.

Una marca comprende dos aspectos principales: tu identidad visual y tu voz. La identidad visual incluye el logo, los colores y la tipografía; la voz abarca el lema, el tono y los estilos comunicacionales. Un aspecto muy importante que identifica a tu marca es el logo. Este por sí solo va a representar tu imagen, ya sea personal o comercial, de acuerdo a la marca que estés trabajando. Recuerda… todos somos una marca.

Pero ¿qué es un logotipo? Es un elemento gráfico, verbo-visual o auditivo que representa a una persona, empresa, institución o producto. Los logotipos suelen encerrar indicios y símbolos acerca de lo que representan. Dentro de las características que debe reunir un logotipo para distinguir favorablemente a una marca se encuentran las siguientes:

1. Debe ser práctico, con la capacidad de ser impreso en tamaños y materiales diversos.

2. Debe ser fácil de aprender y de recordar por tus clientes.

3. Debe ser sencillo, sin palabras rebuscadas o demasiado complicadas.

4. Debe ser original, poseer un atributo que lo haga único y especial, algo que no pueda ofrecer el resto de tus competidores.

5. Debe ser coherente, lo que la empresa comunica debe ser congruente con el tipo de relación-servicio que está en la capacidad de suministrar.

6. Debe ser evolutivo, como la inteligencia humana, ser adaptable y modificarse para beneficio de la empresa. De hecho, es recomendable hacer un *«refresh»* del logotipo cada cierto tiempo, porque si una empresa no se renueva, muere.

7. Debe ser encantador y atrayente, que logre captar la atención, conectar e impactar al público.

TÓMALO PERSONAL

La marca personal, o como lo indica su término en inglés, *personal branding*, es un concepto de desarrollo personal que consiste en reflejar la autoimagen como marca. Del mismo modo que las marcas comerciales, debe ser elaborada, transmitida, protegida, con ánimo de diferenciarse y conseguir mayor éxito en las relaciones sociales y profesionales.

¿Por qué desarrollar una marca personal? Recuerda que tu logo y tu marca van a atrapar emociones inmediatas de tus clientes, así que lo que comuniquen debe ser claro, preciso y llamativo. Está comprobado que más del ochenta por ciento de las decisiones que toma un cliente se basan en la imagen.

Como lo ves, se compra con los ojos. Las imágenes que captamos a través del sentido de la vista se traducen en emociones y sensaciones. De allí la importancia de transmitir confianza y profesionalismo. Una recomendación que siempre hago en mis presentaciones es que antes de decidir cuál va a ser tu marca hagas un avatar de ella.

Y de la misma forma en que hagas un avatar de tu cliente ideal, elabores uno de tu marca personal. ¿Cómo deseas ser percibido? Como bien reza una muy conocida máxima en el mundo de los negocios y las comunicaciones, «*perception is the only truth*», o en español, «la percepción es la única realidad». A la cual yo le añado… para tus clientes.

MARCA COMERCIAL

La marca comercial es el signo distintivo con el que cuenta una empresa. La función de esta es diferenciar los productos de una empresa, respecto a los de otra, en un mismo mercado.

Es importante que tu marca comercial sea poderosa y se diferencie del resto. Por ejemplo, existen muchas marcas de granos, pero hay una en particular que sobresale del resto y representa calidad, la marca Goya. Aunque todas venden la misma mercancía, habichuelas, solo la marca Goya goza de la suficiente confianza de su público.

TIPS PODEROSOS A TOMAR EN CUENTA EN LA CONSTRUCCIÓN DE TU MARCA

Lo primero que debemos procurar es diseñar estratégicamente una marca. Es importante crear una marca que sea poderosa, identificable, y que se diferencie de la competencia. Lo segundo, es que esa marca conecte con tu público, no necesariamente contigo.

Por ejemplo, la marca Mujer Emprende Latina. Aunque me guste el color rojo, y a la codirectora el color negro, nuestro público objetivo está dirigido a mujeres. El color rosa, que identifica directamente a las mujeres quiere reflejar que aunque seas rosa, eres fuerte, valiosa, y puedes ser poderosa y exitosamente rosita.

En el campo de la comunicación no verbal el color rosa significa pureza en acción, una combinación de lo genuino con lo poderoso. No tienes que abandonar tu esencia de mujer para ser opulenta, fuerte y exitosa. Ese color rosa lleva un mensaje claro a nuestro público objetivo.

Al crear tu marca no te debes dejar guiar por lo que a ti te gusta, sino que debes estudiar tu mercado. Si tu público está formado por adolescentes y tú ya no lo eres, lo más probable es que tu estrategia, tu logo y los colores que representan tu marca no tengan nada que ver contigo.

La marca debe estar dirigida y enfocada a conectar con el público objetivo. No tiene que complacer nuestros gustos y preferencias, sino los de nuestros clientes potenciales.

Una marca no es solamente un diseño o un logo, puede ser un sonido, un color. Una marca hoy en día está alineada no solo con el aspecto visual, sino también con el auditivo. Esto lo podemos observar con las empresas de telefonía que están distinguiendo su marca con un sonido, ejemplo de esto es el sonido que la empresa Claro ha trabajado y es completamente identificable con la firma.

Por eso es importante que, antes de empezar un negocio o mostrar tu producto en una presentación, pienses primero qué será lo que diferenciará tu presentación de otras, los colores que uses, los sonidos que coloques, si es presencial en vez de virtual, si usarás un aroma que lleve a los asistentes a relajarse o a activarse...

Recuerda que todo comunica y lo que hagas o expongas representará a tu marca. Numerosos hoteles y *spas* utilizan el olor como parte de su marca; muchas veces no tomamos en cuenta estos detalles tan importantes. Una marca no es solo un color o un tipo de letra, sino también es el estilo, la voz, el tono, el olor, los colores; todos los elementos deben ser consistentes. Así que son decisiones que tenemos que pensar muchísimo.

¿Pueden cambiar las marcas? La respuesta es sí, pero con limitaciones. Considerando que va a evolucionar, lo mínimo cada cinco o seis años se puede hacer una revisión del logo, pero manteniendo algunos atributos constantes. No es aconsejable hacer cambios drásticos. Por ejemplo, Coca-Cola ha cambiado a lo largo de los años el aspecto de sus productos, pero mantiene el rojo característico de la marca.

También vemos marcas que han pasado de ser una palabra a ser solo una letra. Por ejemplo, Amazon redujo su marca de una palabra a una sonrisa. Al igual que todos los seres humanos, las marcas evolucionan. Sin embargo, estos cambios deben ser consistentes, conservar aspectos propios que permitan saber a tus clientes y usuarios que se trata de la misma marca.

Por ejemplo, una diseñadora de modas de origen belga muy reconocida a nivel mundial, Diane Von Fürstenberg, comenzó su emprendimiento con su nombre completo y su firma como su marca. Gracias a su talento, esfuerzo y estilo único alcanzó fama internacional. Sin embargo, para las personas que no hablaban su idioma era muy difícil entender y pronunciar su firma, lo que la llevó a simplificar su marca con las dos primeras letras de su nombre y sus dos apellidos.

Este cambio se hizo con congruencia; no se agregaron letras nuevas, se mantuvieron la tipografía y los colores de la marca original. Del mismo modo, la marca Mujer Emprende Latina lleva seis años y ha ido evolucionando. Se le añadieron algunos elementos que la hacen ver más moderna, pero el tono del color y la tipografía se han mantenido. Ahora también tenemos un logo que integra solo las letras MEL y se añadieron otros acentos de colores para comunicar diversidad.

La línea aérea JetBlue creó un miniavatar o diagrama de la marca. La marca JetBlue, si fuese una persona estaría pendiente de lo último de la moda, el diseño, las tendencias, de lo nuevo, sería amable, agradable, y eso determinaría el tono y la voz. La empresa decidió que algunas características de la personalidad de su avatar serían agradable —*nice*—, fresca —*fresh*—, inteligente —*smart*—, elegante —*stylish*— e ingeniosa —*witty*—. Esto, sin duda, les ayudó a escoger mejor el contenido a publicar por las redes.

El avatar es un personaje que vas a crear de cómo sería tu marca, qué características tendría tu marca en tu historia y en general. Debe ser congruente y estar alineado con la manera de hablar, la voz que usa, el lenguaje, si es jocoso o sofisticado, si va a tratar a los clientes de manera directa de tú o de usted. Todo debe estar alineado y conexo para transmitir confianza y credibilidad: la estrategia, el contenido, el tono.

A veces nos ponemos demasiado creativos al escoger el nombre de nuestra marca, eligiendo nombres supercomplicados que tal vez tienen un gran significado para nosotros, pero que no le dicen nada a nuestro público, o denominaciones con las cuales es difícil relacionar el nombre de la marca con el servicio que ofrece.

En oportunidades también nos dejamos llevar por nuestras emociones y escogemos el nombre de la hija o de la abuelita, y eso no necesariamente comunica/conecta con tus clientes. Aunque te cause risa, no está lejos de la realidad, he visto muchos casos así. A menos que responda a una estrategia de *marketing* intencional, como la empleada por la compañía de helados Häagen-Dazs.

Esta marca fue creada con una voz y estilo cuidadosamente seleccionados mediante una técnica de *marketing* conocida como *foreign branding* o marca extranjera, con la intención de sugerir una procedencia escandinava al público estadounidense. Algo similar sucede con la famosa marca Starbucks.

Es así como una marca no se reduce a solo un logo, sino que es todo lo que acompaña a la experiencia de ese cliente, y eso es lo importante. Una de las metas para crear una marca es ser memorable o fácil de recordar. Si es un nombre, no deben ser dos. Si es un nombre muy creativo, que hace bastante difícil asociar la marca con el servicio que ofrece, entonces esa marca debe ser incorporada con un posicionamiento de marca o eslogan.

Por ejemplo, si tienes una empresa de contabilidad pero deseas recordar la memoria de un ser querido, puedes colocar su nombre o apellido, pero debajo debes poner una frase que identifique de qué trata el producto/servicio que ofreces, en este caso indicar «Servicio de contabilidad corporativa» o algo similar.

De igual forma sucede con empresas que usan los apellidos de los socios y en la parte posterior de su marca colocan «Bufete de abogados». Esto les indica a los clientes de qué trata el negocio y qué tipo de servicio ofrecen. Puede ocurrir que alguien que esté realmente hambriento y deseoso de conseguir un buen restaurante, se consiga con un logo y una marca supercreativos, pero que no indican el tipo de comida que se ofrece.

Por ejemplo, si usas una marca llamativa y debajo colocas «Comida criolla latina», eso hace que las personas se decidan en fracción de segundos a entrar al establecimiento, porque en ese momento lo que quieren es comer, saciar su necesidad, en realidad su mente no está dispuesta a pensar para escoger, tu posicionamiento de marca las ayudará a decidirse de inmediato.

Las marcas como McDonald's y Burger King utilizan esta estrategia, muestran claramente los productos que ofrecen y hacen que decidas inconscientemente almorzar allí. Es imprescindible ser estratégicos al momento de comunicar nuestra marca.

En resumen:

Primero tienes que definir tu marca, crear una personalidad, y ese logo debe conectar y resonar en la mente de tu público objetivo y no contigo. Luego de eso debes crear el posicionamiento de marca y el estilo que te va a ayudar a comunicar día a día a través de las redes redes sociales o canales seleccionados.

En una tienda de ropa hay que cuidar cómo se va a vestir el personal. Los empleados de las tiendas de *tuxedos* para hombres —Leonardo's, en Puerto Rico— visten todos elegantes y usan corbata. Las tiendas Zara tienen un estilo de vestimenta y poses fotográficas muy particulares. Las tiendas GAP responden a un estilo mucho más joven e informal. Cada una de ellas tiene una guía de uso de la marca.

Esta guía indica claramente a todos sus empleados y asociados qué se vende, cómo lo hacen y las palabras claves para comunicar al cliente. De igual forma, cómo deben vestirse, saludar y despedir al cliente. Es importante que tú, como emprendedor o emprendedora —da igual si tu marca es un negocio de un solo propietario—, decidas crear una marca que comunique, que esté alineada y sea congruente, diferente del resto, memorable.

No importa si eres grande o pequeña empresa, al final quieres ser la primera opción para tus clientes. Entonces debes generarle una identidad a tu marca.

PEQUEÑOS ASPECTOS TÉCNICOS QUE HACEN UNA GRAN DIFERENCIA

Sucede que muchas personas, cuando están iniciando un negocio y deciden crear su marca, se vuelven demasiado emocionales y escogen para su logo y marca un tipo de letra que no imprime bien en distintos medios.

Es importante que al momento de elegir el logo contemos con el apoyo de un buen artista gráfico que se asegure de que imprime bien en papel revista, en papel periódico o en redes sociales. En ocasiones podemos escoger una tipografía hermosa, elegante y llamativa, con detalles finos y estilizados, pero al momento de competir con otros logos se desaparece.

Esto sucede mucho cuando estamos diseñando una portada. Existen bellas tipografías para portadas, pero que una vez impresas o cuando montamos el *post* en Instagram no resultan muy favorecedoras o se pierde el foco de atención. Por esta razón, debemos ser muy intencionales cuando estamos diseñando nuestro logo. Para darle fuerza a nuestra marca, el logo que diseñemos debe ser funcional y no transmitir debilidad.

Es importante resaltar que tanto el logotipo como la marca deben llevar inmerso un mensaje que cuente la historia de la empresa. Así es que tienes que tomar en cuenta los colores que estás utilizando, la inclinación de los elementos incluidos; si están más a la derecha indican progreso, futuro, mientras que si están orientados hacia la izquierda simbolizan pasado.

De hecho, una vez observé la marca de una oficina contable: en la parte superior indicaban un nombre y un apellido, debajo la descripción «Contadores». Hasta el momento, todo bien. Sin embargo, al centro tenía la figura de un ave dirigiendo su vuelo hacia la izquierda; gran error, pues toda imagen orientada hacia la izquierda indica pasado, lo que sugiere que esa empresa vive anclada en el ayer.

Por ejemplo mi logo comienza con las letras COMM en negro, un poco ajustadas y hacia arriba. Luego aparece el número 4 con un diseño que indica aumento, y termina en las letras SUCCESS —éxito— en rojo, tomando un espacio más expandido. Con eso quiero comunicar la historia que ambiciono para mi empresa: al principio de mucho trabajo, de mucha credibilidad, con el color negro; luego el número, que indica expansión, y por último las letras en color rojo, que muestran la máxima energía, acción, éxito.

Para mí era muy importante que ese logo comunicara la historia de mi negocio. De la misma forma, debemos ser muy estratégicos al momento de comunicar nuestra marca. He visto logos que empiezan hacia arriba y terminan hacia abajo, indicando que ese negocio comenzó bien pero luego todo fue decayendo.

También he observado errores de tipografía, de colores, de ángulos, y todos esos elementos los debemos tomar en cuenta, porque al final la marca va a contar la historia y trayectoria del negocio. Un excelente ejemplo de un logo bien pensado es el de la famosa marca Pepsi, que empieza con una franja blanca muy fina que va engrosándose y ascendiendo; va hacia arriba, siempre en franco crecimiento.

Otra recomendación es que compares tu logo con el de tu competencia inmediata, que observes qué comunican ambas marcas. Presta atención a si tu logo se ve fuerte, si se diferencia bastante o se parece demasiado al de tu competencia, no vaya a ser que termines haciéndole la publicidad a otro negocio que no sea el tuyo. Tu competencia, sin duda, es tu termómetro para medir la temperatura de tu marca.

¡MOMENTO DE EJERCITARNOS, A PRACTICAR LO APRENDIDO!

Es importante que como emprendedor o intraemprendedor trabajes tu marca personal, todo va a depender de cuál sea tu meta. Como emprendedor la marca personal identificará y le aportará carácter a la marca comercial de tu empresa.

Como intraemprendedor, es primordial que trabajes tu marca personal para aportarle contenido de valor al servicio profesional que ofreces. ¿Eres una empresa genérica o representas una marca? El tema de la marca personal nos ocupa a todos.

CAJA DE HERRAMIENTAS PARA CONSTRUIR TU MARCA PERSONAL

- **Autenticidad:** deja que los demás conozcan tus pasiones e intereses.

- **Responsabilidad:** cumple con lo que se espera de ti como marca.

- **Definición:** cuál es el mensaje que deseas comunicar como marca.

- **Enfoque:** conoce a tu público objetivo.

- **Comunicación:** forma en que nos queremos proyectar.

- **Canales:** qué canales de comunicación utilizarás para llegar a tu mercado objetivo.

- **Credibilidad:** profundidad y conocimiento sobre el tema en el que te deseas posicionar como líder de marca.

- **Comportamiento:** toma control de tu reputación y sé consistente en posiciones y valores. Ojo con las fotografías que cuelgas en las redes sociales.

- **Consistencia:** solidez con tu calendario de eventos y estrategias. La repetición hace que las personas recuerden con mayor facilidad el nombre de tu marca.

ASPECTOS VISUALES DE TU MARCA PERSONAL

Mírate en el espejo y contesta la siguiente pregunta:

- ¿Hoy representas tu marca? No descuides tu apariencia e imagen profesional. Eventos, *networking,* videos y charlas. ¿Cuáles son el estilo, los colores y la ubicación con los que tu público debe identificarte fácilmente?

- No descuides los elementos fotográficos en aspectos técnicos básicos como iluminación exterior/interior, enfoque, ajustes.

- Planifica y cuida la producción de tu *stock* fotográfico. Las imágenes son parte de tu *branding.*

- *Storytelling*: aprende a contar historias con imágenes. Saca provecho de las redes sociales.

- Domina los recursos que ofrecen dispositivos como los *smartphones*.

- Aprende a manejar tu marca para cada red social: Facebook, Twitter, Instagram, Pinterest, LinkedIn, entre otras.

LANZAMIENTO DE MARCA COMERCIAL. ¿QUÉ NECESITAS?

- Trabaja un plan de medios: ¿publicarás tu marca por prensa, radio o por redes sociales?

- Haz un listado de los medios que conectan con tu audiencia: Facebook, Instagram, Twitter, *e-mail,* entre otros.

- Fotos de calidad tuyas y de tu producto. Recuerda que eres la marca detrás de la marca.

- Muestras de tu producto para enviar a medios seleccionados.

- Haz tu biografía completa, pero no aburrida: asegúrate de que contenga *todos los logros de tu carrera,* no solo los actuales. También incluye para quién has escrito, los proyectos en los que has estado involucrado, cuánto llevas en el negocio, algunos de tus principales clientes y cualquier dato que pudiera *presentarte como un líder* en tu campo.

LANZAMIENTO DE MARCA PERSONAL. ¿QUÉ NECESITAS ?

- Optimiza tu perfil de LinkedIn: una vez hayas creado y actualizado tu biografía, el siguiente paso es revisar tu perfil en LinkedIn. Procura tener en esta red social un resumen de tu experiencia profesional con tus *aptitudes y habilidades bien definidas.*

- Escribe artículos o crea un blog: no hay duda alguna de que el *marketing* de contenidos es una forma excelente de crear tu marca como CEO. Ser conocido personalmente como un experto en tu campo puede potenciar el éxito de tu negocio.

- Asiste a eventos y haz *networking:* participa en actividades y conferencias de tu industria o de temas relacionados a ella. En este tipo de situaciones podrás conocer personas interesantes que te ayuden a promover tu negocio, así como generar alianzas que beneficien a tu empresa.

- Videos de calidad: puedes crear videos de alta calidad con tu teléfono móvil. Si ese no es tu fuerte o no tienes el tiempo, hoy en día están muy de moda los estudios diseñados para crear contenido, donde se ofrecen servicios de grabación y edición de videos para redes sociales o plataformas *online*. Considéralo.

• Conviértete en autor: escribe un libro, pues le agrega reputación y valor a tu marca.

• Crea tu *fan page*: toda marca debe tener presencia en las redes sociales. En esta crearás un calendario de contenido con blogs, *post*, fotografías, videos educativos, entre otros.

CÓMO ACELERAR EL RECONOCIMIENTO DE TU MARCA PERSONAL

• Actualmente las marcas más exitosas son aquellas asociadas a causas sociales. La tendencia también aplica a la marca personal. Únete a aquella causa social con la que genuinamente te identifiques y reséñalo en tus diversas redes profesionales y personales.

• Habla en público. Las personas que dan charlas o conferencias son percibidas como expertas por quienes las escuchan o las ven. Ofrécete a dar charlas sobre el tema que dominas y aumentarás el valor de tu marca personal.

• ¡Evoluciona con tu marca! Actualiza tus conocimientos, inversión, redes, canales de comunicación y estrategias según evoluciona tu carrera profesional.

NO ES IGUAL OBTENER GANANCIAS QUE DINERO, SEGUIMOS HABLANDO DE TU MARCA

El reconocimiento de marca es tan importante como las ventas. Muchas veces le restamos importancia a las marcas y preferimos invertir en el capital, pero tenemos que saber que las marcas son tan importantes como tu negocio. No siempre tu ganancia va a ser monetaria. Por ejemplo, asistir a un evento o a un congreso donde tu marca se vea y que las personas la conozcan y se familiaricen con ella.

Eso es lo que se llama reconocimiento de marca, y es tan relevante como vender. Si las personas no saben reconocer o diferenciar tu marca, les va a dar igual comprar tu producto o los de la competencia. Hoy en día no se trata de salir a comercializar, sino de hacer y publicar una estrategia de reconocimiento para que las personas salgan a buscar tu marca y no un simple producto.

El reconocimiento de marca es lo que llamamos estrategia de comunicación institucional. Esto lo observas cuando estás en una farmacia o en un establecimiento comercial y llega una persona a pedir una Gillette y no una afeitadora, o un Kleenex y no pañuelos o toallitas húmedas, o una Coca-Cola y no un refresco cualquiera. Esto es lo que todos los emprendedores aspiramos a lograr.

Lo mismo sucede con los autos. No se trata de precios sino de calar en la mente de los consumidores a través de una táctica de identificación con la que tu marca hace entender a los clientes que existes y que eres la mejor opción en el mercado. Eso es una estrategia mucho más general. No se trata de ventas de paquetes, sino que estamos comunicando qué es y a qué se dedica la compañía, cuáles son las ventajas y el servicio que ofrece.

Puedes utilizar esa campaña de reconocimiento de marca en redes sociales, sin hablar de producto ni de venta, simplemente diciendo quién eres, qué haces, y cómo puedes ayudar a tu cliente. Luego están las convenciones donde ubicamos nuestro exhibidor para dar a conocer nuestra marca.

También existen las oportunidades de ser conferencista sobre un tema. Aunque no estamos vendiendo ayudamos a que haya un reconocimiento de nuestra marca. Estas son dos estrategias poderosas que deben correr a la misma velocidad, *la venta y el reconocimiento de la marca.*

Así es como vemos a BMW con una propaganda que no ofrece directamente su vehículo, sino que explica las características que lo hacen diferente. Quien compra un BMW no está adquiriendo un vehículo, está obteniendo prestigio. También se evidencia en los bancos, algunos de sus anuncios están directamente dirigidos a la venta: «¡Tenemos disponible nuestro crédito personal al 12 % de interés, solicítalo hoy!».

Pero también vemos anuncios de esas entidades dando a conocer las características que hacen parecer único a un banco con un *eslogan* como: «¡Somos el banco de la familia!», «¡Es tu institución de confianza desde hace más de 100 años!». Esto tiene que ver con reconocimiento de marca y con generar confianza, credibilidad.

Como he enfatizado en pasados capítulos, uno de los canales de comunicación esenciales para que tu negocio goce de credibilidad y confianza es una *website* —página de Internet—. Si no la tienes lo más seguro es que la venta de hoy se haya caído, porque ahí está todo el contenido o información que puede generarles confianza a tus clientes. Sin una página de Internet las personas no saben bien quién eres; si te recomiendan inmediatamente confirmarán esa información en tu página web.

De hecho, al conversar con una profesional que se dedica a ofrecer conferencistas para empresas, ella plantea que un reto que se le está presentando en la actualidad es que sus clientes desean comprobar el prestigio del conferencista antes de contratarlo, quieren buscarlo en las redes. Aunque sean muy buenos oradores, si no han trabajado su marca personal están fuera de toda posibilidad de contratación ya que no cuentan con reconocimiento de marca.

Los bancos y las empresas más sólidas no quieren arriesgarse a invertir en contratar a un orador que no sea reconocido o que no tenga el suficiente prestigio. A lo mejor es un conferencista excelente que consolida y promueve muchísimas ventas, pero no tendrá las mismas oportunidades o ventajas que alguien que haya trabajado su marca personal.

Las empresas no quieren contratar conferencistas que al buscar información sobre su trabajo en la *website* o en redes sociales no aparezca nada, o que figuren publicando sobre temas sensibles y controversiales. *Tan sencillo como que si no tienes un perfil como marca personal o comercial en alguna de las redes sociales, no existes.*

CONOCE CÓMO RELANCÉ MI MARCA PERSONAL

Me encanta contar historias, es una estrategia maravillosa para conectar con nuestro público. Aprovecho para compartirte la mía.

Un día decidí contratarme para relanzar mi marca. La mayor parte de mi vida la dediqué a trabajar para empresas privadas, fui una intraemprendedora. Trabajé para agencias de publicidad como empleada, luego en un banco, y en los últimos catorce años dirigí el departamento de comunicación de un hospital.

Para ese momento, nunca había pasado por mi mente la idea de trabajar de manera independiente o de crear mi propia empresa, hasta que por casualidades o causalidades de la vida, sin planificarlo cofundé la organización sin fines de lucro Mujer Emprende Latina.

Recuerdo que un día, en el mes de febrero de 2016, estaba yo en mi oficina y de repente me vino esa idea o ese pensamiento de un segundo, y me dije ¿por qué no convoco a todas esas mujeres que admiro en redes sociales, que son colegas, directoras o dueñas de negocios y hacemos un evento libre de costo, de medio día, dirigido a toda mujer que desee educarse?

En mi país de origen, Puerto Rico, el costo mínimo es de cien dólares para un evento formativo de este tipo; talleres de tres días cuestan quinientos dólares, y mucho más para talleres de alto nivel. Realmente no hay una democratización de la información que ofrezca las mismas oportunidades a todo el mundo. Por eso, me decía, ¿cómo es posible que yo tenga el privilegio de acceder a un tipo de información que solo posee el tres por ciento de las mujeres?

¿Acaso no todas las mujeres deberíamos tener acceso a la misma información para poder crecer? Fue así como convoqué al evento por Facebook para el mes de marzo. Todo comenzó a encajar como anillo al dedo y el encuentro fue todo un éxito, quedaron cientos de personas fuera del local porque no cabían. Las mujeres que asistieron quedaron sumamente emocionadas preguntando cuándo sería el próximo evento.

Ahí pudimos ver que había un nicho que no había sido atendido, y era el de la mujer que se encuentra en una encrucijada y que necesita crecer, y busca una alternativa para seguir desarrollándose, ser autosuficiente e independiente.

En aquel entonces se comenzó con la marca Mujer Emprende PR, la organización siguió creciendo y yo seguía laborando como empleada, había muchas reuniones a las que no podía asistir porque estaba en horario de trabajo. Luego de cinco años se había consolidado la organización, la marca ya no era Mujer Emprende PR, ahora era Mujer Emprende Latina; ya teníamos nuestro primer capítulo fuera de Puerto Rico.

Todo comenzó con el evento de un día que hoy por hoy, más de cinco años después, está más vivo y vigente que nunca. Así es que de repente sentí que tenía que tomar una decisión. La vida, como es tan maravillosa, le pides al universo y el universo te da. Con la llegada del huracán María, un evento catastrófico para Puerto Rico, se creó un desfase económico en las empresas.

Recuerdo que hace cuatro años, unos meses después del huracán, mi jefe de entonces me llamó y me dijo que iban a eliminar mi departamento. Aunque te sorprenda no fue una noticia que me entristeció, sino que fue realmente maravillosa, porque honestamente no sabía cómo hacer la transición y ese era el empujón que necesitaba para salir de mi zona de *confort*.

En mi caso, como llevaba mucho tiempo trabajando en la empresa me dieron un bono o liquidación por años de servicios que me sirvió de colchón financiero para tomar mis decisiones. Esa acción me permitió tomar tiempo y pensar... Tenía dos alternativas: trabajar en otra empresa en comunicación corporativa o darme la oportunidad de ver todo lo que Vanessa puede hacer si se le permite sacar todos esos talentos y destrezas fuera.

Cuando aún era empleada comencé a tomar la certificación en Comunicación no verbal y microexpresiones faciales porque siempre me sentí atraída por el tema. Al quedarme sin trabajo decidí esperar unos meses y enfocarme en culminar la certificación. Fue allí cuando me contraté, yo fui mi primer cliente.

Lo primero que pensé fue: si yo voy a dar a conocer a Vanessa al mundo, ¿cómo me gustaría que el mundo la viera? ¿La voy a lanzar como una empresa, como una relacionista profesional, como una licenciada más o voy a utilizar algo que es virgen en el mercado? Allí decidí relanzar mi marca en vez de prestar servicios como relacionista profesional; me lancé desde el ángulo de la comunicación no verbal y de las microexpresiones faciales.

¿Por qué? Porque era un mercado sin explorar en Puerto Rico, poco se hablaba de ese tema. Durante mi trabajo como empleada del hospital había logrado establecer muy buenas relaciones con la prensa de mi país, desempeñándome como portavoz y enlace entre la prensa y la gerencia del hospital.

Cuando le comuniqué a dos compañeros periodistas que estaba relanzando mi marca, inmediatamente me dieron la mano brindándome oportunidades de entrevistas en televisión y en radio, y de repente todo empezó a correr y a funcionar. Me reinventé, reinventé mi marca, decidí darme la oportunidad. Creé mi página de Internet y abrí mis redes sociales.

No importa la edad que tengamos, siempre nos podemos reinventar y relanzar nuestra marca. Yo estoy segura de que si me hubiera lanzado solo como relacionista no habría tenido el éxito que he tenido al relanzarme. Cabe destacar que esta decisión no respondió a la emocionalidad ni a la suerte, sino al estudio del mercado.

Fue así que pensé cómo podría aprovechar de mejor manera mis talentos y acaparar muchos más clientes. Actualmente sigo haciendo trabajos de relacionista profesional y manejando marcas, pero me fui por el ángulo noticioso, por la novedad, para poder mercadearme y llegar a los clientes con mis otros servicios.

Este relanzamiento me ha permitido dar conferencias en otros países, hacer radio, televisión, colaboraciones con cadenas de noticias internacionales como CCN en Español. Me ha permitido explorar otras facetas de Vanessa que jamás habría podido si me hubiese quedado en mi zona de comodidad trabajando para una empresa. Mi recomendación a todos los que están leyendo este libro: ¡date la oportunidad! No te quedes con el «si yo hubiera».

Para ello tuve que buscar, dentro de mis talentos, experiencias y conocimientos, qué era lo que en ese momento podía ser más atractivo para el mercado y que me diferenciaría de otros profesionales que hacen lo mismo que yo. Al final del día, hacer ese estudio y esa estrategia me permitió relanzar mi marca como experta en lenguaje corporal y microexpresiones faciales.

Este relanzamiento de marca me ha permitido abarcar un mercado grandísimo dentro y fuera de Puerto Rico, me ha posicionado y diferenciado. Tal y como lo he señalado, lo importante de la marca es que sea memorable y te distinga de los otros productos que son iguales a los tuyos.

Así que he logrado una diferenciación entre mi competencia y yo. Creé la etiqueta #TodoComunica, propia de mi marca, Vanessa Marzán Toro. Todo es cuestión de trabajar una marca estratégica, que sea memorable y que te distancie de otras marcas. Como ves, sí es posible relanzarte y recrear una marca, siempre y cuando ofrezca contenido de valor para un mercado y sea congruente para dar confiabilidad.

Me encanta siempre poder compartir mi historia con el público, para que sepa que nunca es tarde para volver a empezar, renovada, con mayor fuerza y más experiencia.

A EJERCITARNOS...

¿Eres capaz de definir tu marca en una línea? Antes de responder debes considerar los siguientes aspectos.

Tu marca debe:

- Definir tu talento.

- Comunicar el contenido de valor que aportas.

- Ser inspiradora.

- Comunicar tu labor.

¡Recuerda, soy Vanessa Marzán, tu asesora personal!

Escanea este código para disfrutar
del material audiovisual del capítulo.

CAPÍTULO V

EL PODER TRAS LA
COMUNICACIÓN
NO VERBAL

Nunca te enseñaron a hablar con la cara
y el cuerpo como hablas con palabras.

Paul Ekman
Doctor especialista en el campo de la kinésica.

Hemos llegado al punto culminante de este libro. Este capítulo te permitirá comprender más claramente las variables de la comunicación no verbal, para que de ahora en adelante te comuniques asertivamente y logres hacerlo de manera estratégica y alineada con tus metas. ¡Es el momento de asumir este grandioso reto!

Recuerda que en el primer capítulo abordamos dos términos que se utilizan de manera indistinta, pero tienen un significado muy diferente: el lenguaje y el idioma. El idioma es un código de comunicación, de invención reciente por la última generación de *Homo Sapiens*.

El lenguaje, en cambio, es la capacidad propia de nuestra especie que nos faculta para procesar e interpretar la información. Por esta razón, mi meta es enseñarte a conectar con los demás a través del lenguaje, para que puedas sacar provecho de tu capacidad innata de transmitir y procesar información a través del cuerpo.

De ahí la importancia de que conozcas el poder del manejo asertivo de la comunicación no verbal. Es maravilloso darse cuenta de que cada parte del cuerpo comunica algo de manera natural. ¡El mundo de la comunicación no verbal es verdaderamente fascinante y poderoso!

Una vez que descubras y te hagas consciente de tu potencial para comunicarte y transmitir información a cualquiera que sea tu audiencia, comenzarán a surgir respuestas de por qué ocurrió esta o aquella situación que en el pasado te impidió alcanzar tu objetivo, o por qué se produjo un efecto diferente al que esperabas.

El proceso comunicativo se realiza de dos formas: verbal y no verbal. La comunicación verbal implica expresamente el dominio del idioma y el manejo de la dicción. La comunicación no verbal contempla los aspectos relacionados con el lenguaje corporal, las microexpresiones faciales, los gestos, el uso de señales sociales, la kinésica, la proxémica, la paralingüística, el entorno, la apariencia, la postura, el contacto visual y el tiempo.

Según M. Sánchez[3], el lenguaje corporal es «todo aquel conjunto de movimientos, gestos, actitudes que realizamos consciente o inconscientemente cuando nos comunicamos» (citado por Mallitasig, 2019)[4]. Es decir, cada parte de nuestro cuerpo posee de manera innata funciones comunicativas para conectar e interactuar con los otros individuos de nuestra especie.

Por su parte, para la profesora en sociolingüística y experta en comunicación no verbal Ana M. Cestero, la comunicación no verbal «abarcaría todos los signos y sistemas de signos no lingüísticos que comunican o se utilizan para comunicar». Este concepto considera todas las variables de la comunicación de manera mucho más amplia que el lenguaje corporal.

---

3   Sánchez, M. *Habilidades de la comunicación*. (Ecuador: CODEU, 2010).

4   Mallitasig Arellano, Henry W. «Paul Ekman y las microexpresiones faciales de las emociones». Consorcio de Bibliotecas Universitarias del Ecuador (COBUEC), 2019, http://repositorio.pucesa.edu.ec/handle/123456789/2691

Por otro lado, la ciencia de la comunicación no verbal considera la variable de la proxémica como un indicador en el que la distancia ofrece información sobre el nivel de agrado o desagrado que siente alguien con respecto a una cosa, persona o situación. De allí la famosa frase que he repetido anteriormente en el libro de manera inequívoca que «una imagen dice más que mil palabras».

De la misma manera, el uso de diversos accesorios en el vestuario también aporta información, considerando los principios de la semiótica como ciencia encargada del estudio del signo para representar o comunicar una idea. Como puedes ver, estas herramientas son realmente poderosas para influenciar en tu público objetivo.

Por último, existen tres variables que pueden llevarte al éxito o al fracaso en la tarea de transmitir el mensaje al momento de comunicar: el diseño del ambiente, el lugar que escoges para emitir tu mensaje y la hora indicada estratégicamente de acuerdo con los intereses y necesidades de tu público.

CONOCE LA REGLA UNIVERSAL DEL 55-38-7

El uso consciente y estratégico de la comunicación no verbal te permitirá conectar exitosamente con tu audiencia. Para ello, es esencial tomar en cuenta la regla del 55-38-7. Esta es una regla universal que nos dice que el 55 % del impacto de un mensaje está a cargo del lenguaje corporal y la comunicación no verbal.

Considero que el término lenguaje corporal se queda muy corto para aprender a influenciar, especialmente al momento de vender un producto o servicio. Es por ello que prefiero el término *comunicación no verbal*, pues aborda de manera mucho más amplia las variables que intervienen en la comunicación, para que aprendas a utilizarlas estratégicamente.

Es así que los elementos de la comunicación que son innatos al cuerpo transmiten mensajes a través de señales no verbales, tales como los gestos, las microexpresiones faciales, el contacto visual, la sonrisa, la postura, la posición de las extremidades, la ubicación de los tres ejes de atención, los silencios, el lenguaje corporal, el tono de voz, el uso del espacio, la apariencia, los movimientos y utilización de los dedos, entre otros.

Por otro lado, el 38 % del impacto de un mensaje se produce a través del modo en que se utiliza la voz. El uso adecuado o inadecuado de tu voz, le otorga veracidad y carácter a tu mensaje. Tu voz, de manera inconsciente, transmite una carga emocional. ¿Qué emoción deseas transmitir a tu público objetivo cuando expresas tu mensaje?

Debes manejar los aspectos de la paralingüística, la cual aborda los factores lingüísticos de la comunicación no verbal que acompañan al mensaje verbal, tales como el tono de la voz, el timbre, los silencios, las pausas, la velocidad, la articulación, la intensidad, el volumen, las inflexiones, las muletillas, entre otros.

Imagina por un instante la serie televisiva de suspenso *Alfred Hitchcock Presenta* sin su famosa e icónica pieza musical *Marcha fúnebre por una marioneta*. Seguramente la serie no tendría el mismo impacto para producir emociones de miedo o terror. De la misma manera, la modulación de la voz es la pieza musical clave de un discurso.

En pocas palabras, el mensaje que proyectas es tu película y la utilización de la voz es la banda sonora que complementa la emoción que transmite el largometraje. ¿Qué te parece?

Por último, la regla del 55-38-7 establece que solo el 7 % del impacto de un mensaje corresponde a la verbalización de las palabras que utilizas, es decir, al idioma. Solo causamos el 7 % del impacto en los demás a través de lo que hablamos, mientras que el otro 93 % se logra a través de la comunicación no verbal.

¿Lo ves? Para conectar con tu público objetivo debes conocerlo y adecuar todas las variables de tu comunicación no verbal a sus edades y claves generacionales, características culturales y demográficas. Si eres capaz de generar un mensaje poderoso que funcione como un ancla para conectar y generar cambios has logrado el objetivo.

Personalmente, conozco muchos expertos de alto nivel en un área específica que no son conscientes ni manejan de manera estratégica sus habilidades innatas de comunicación no verbal. Por ende, no pueden transmitir efectivamente su mensaje, aunque el público esté interesado en el tema.

No existe una vara mágica ni una receta genérica que te permita dominar en un instante las diversas variables de la comunicación no verbal. Todo va a depender de tu esfuerzo, constancia y motivación por alcanzar tu meta enfocándote en tu público objetivo. Mi meta en este capítulo es que aprendas a desaprender para que conectes exitosamente con tu audiencia.

KINÉSICA

Anteriormente definimos el concepto de comunicación no verbal y se mencionaron sus variables. Ahora te pregunto: ¿en qué se fundamenta este tipo de comunicación? Efectivamente, la comunicación no verbal es una ciencia apoyada en la kinésica, la cual estudia el significado expresivo, apelativo o comunicativo de los movimientos corporales y de todo tipo de gestos.

La kinésica estudia los gestos y movimientos corporales de manera individual o en relación con la estructura lingüística, paralingüística y con la situación comunicativa. Abarca los gestos, la postura, la expresión facial, la mirada y la sonrisa. Su función es otorgarle significado a la palabra oral y a la vez complementarla para explicar mejor una idea.

Su precursor fue el antropólogo norteamericano Ray Birdwhistell, quien le otorgó el nombre de kinésica a la comunicación silenciosa en la que el cuerpo juega un papel determinante a la hora de transmitir un mensaje. Es así como los gestos y movimientos corporales hacen efecto en la percepción y en las emociones que reflejamos a los demás.

¿Te ha ocurrido alguna vez que alguien no produjera una buena impresión aunque nunca hubieran cruzado palabras? Esa sensación surge de nuestro instinto de supervivencia, que es capaz de interpretar el gran cúmulo de información que transmite el lenguaje corporal, los gestos, las posturas, entre otros.

Toda circunstancia o hecho representa una situación comunicativa. En efecto, hay ocasiones en que los silencios y las microexpresiones faciales aportan información mucho más valiosa que la que se expresa a través de las palabras. Por ejemplo, no mover las manos por largo tiempo comunica muy poca naturalidad.

Del mismo modo, los espacios entre las piernas nos hablan de la personalidad, extroversión e introversión. El hecho de esconder las manos instintivamente mientras hablamos revela la necesidad de proteger una parte vulnerable del cuerpo. Señalar con el dedo a otra persona comunica invasión al espacio personal de quien se señala.

El hecho de que el dedo que señala se dirija directamente hacia el área del rostro se considera como agresión directa, un gesto de gran ofensa y poco respeto por la persona a quien se apunta. Como consejo, te recomiendo que ante cualquier situación comunicativa evites a toda costa señalar a otras personas, aunque lo hagas a manera de broma.

En la actualidad, la kinésica es una de las ciencias más estudiadas del planeta, brindando valiosos aportes a otras ciencias y profesiones como la psicología, el derecho, la criminalística, la educación y el *marketing*. Luego el psicólogo Paul Ekman enriquece este campo con los aportes de sus estudios con relación a las microexpresiones faciales.

MICROEXPRESIONES FACIALES, ¿QUÉ SON Y CÓMO SE INTERPRETAN?

Como te indiqué, esta postura se fundamenta en los aportes de Paul Ekman, considerado como el padre de la comunicación no verbal moderna, quien define las microexpresiones faciales como la forma en que el cuerpo libera o expresa las emociones que no se atreve o no desea verbalizar.

Ekman viajó a distintas partes del mundo a fin de aplicar un instrumento en el que se planteaba una serie de preguntas a personas de distintas nacionalidades y etnias, dando como resultado que las microexpresiones generadas por cada uno de los sujetos estudiados eran las mismas en todos los individuos, solo variaba la intensidad de acuerdo con la cultura.

Los estudios de Ekman demuestran que las microexpresiones faciales y el lenguaje corporal responden a un lenguaje universal, comprendido y transmitido instintivamente por cualquier persona del mundo. Sus investigaciones han aportado grandes contribuciones al campo de la investigación criminalística inspirando series televisivas famosas como *Lie to Me* y *Bull*.

De la misma manera, ha enriquecido otras áreas, como la psicología, la sociolingüística o el *neuromarketing*. Las microexpresiones reflejan de manera instintiva nuestras más profundas emociones. Es así como el rostro muestra de manera inconsciente sentimientos de miedo, tristeza, incertidumbre, entre otros. Gracias a esta habilidad innata comunicamos nuestras necesidades básicas careciendo del idioma.

Si nos encontramos en un lugar remoto del mundo donde se hable un idioma diferente al nuestro, podemos indicar que necesitamos ayuda o que estamos perdidos. Por ejemplo, la emoción de sorpresa refleja las siguientes expresiones faciales: se abren los ojos más de lo normal y se suben las cejas, la mandíbula cae —la boca puede abrirse o no.

Por otro lado, las sonrisas falsas carecen de expresión en los ojos. En la alegría se contraen las mejillas y se crean las conocidas arrugas conocidas como patas de gallo, se elevan las cejas, se asoman los dientes superiores y se refleja una gran sonrisa en el rostro. El desprecio refleja como una media sonrisa sin expresividad en el rostro. Mientras que el miedo hace que los ojos se abran desmesuradamente, las cejas internas se eleven, la boca se abra y las comisuras se estiren.

La tristeza se manifiesta físicamente formando arrugas en el centro de la frente. Las comisuras de los labios tienden a bajar. La sensación de asco se evidencia cuando el labio superior sube y se forman arrugas en el puente de la nariz. La rabia produce que el ceño se pliegue sobre el tabique nasal y los labios se tensen o aprieten.

¿Qué nos comunica el cuerpo sobre el estado emocional de una persona? ¡Pues muchísimo, si entendemos las señales! Debes estar atento a las contracciones musculares del rostro y cuerpo.

- Emoción de tristeza se refleja en cejas arqueadas e inclinadas hacia abajo tipo triángulo, y comisura de los labios ligeramente inclinados hacia abajo.

- Emoción de ansiedad, coraje, miedo o sentimientos suprimidos se caracteriza por reflejar las contracciones musculares. Las contracciones labiales comunican tensión.

EJES DE LA ATENCIÓN

¿Cuánta información valiosa puedes obtener sin necesidad de escuchar una palabra? ¡Pues muchísima! Existen tres ejes de atención en los que a través del cuerpo se comunica al cien por ciento el estado de ánimo, reflejando la carga emocional de un individuo, independientemente de que lo exprese verbalmente o no.

¿Cómo sabes si alguien te presta toda su atención? Si tu respuesta ha sido que es a través del contacto visual, intenta responder de nuevo tras leer el párrafo siguiente.

1. **Primer eje: el torso**

El primer eje de atención del cuerpo se encuentra en el pecho, prestando atención a la alineación del torso y a la postura —posición de hombros y espalda—. Instintivamente, este es el eje de atención principal porque sin el torso es imposible la sobrevivencia humana.

Por lo tanto, es la parte del cuerpo que primero responde de manera primitiva al instinto de supervivencia, protegiendo los órganos vitales ante una situación comunicativa. Este eje acompaña al discurso aportándole fuerza y carga emocional al mensaje a través del lenguaje corporal y de la proxémica.

La ubicación y distanciamiento del pecho, indican apertura o rechazo con relación a otra persona, objeto o mensaje dependiendo del lugar donde se encuentre el objeto de atención —proxémica—. Si está inclinado hacia delante puede indicar buen nivel de atención y gran interés por el tema, mientras que un pecho inclinado hacia atrás muestra la existencia de una barrera comunicativa indicando rechazo o desconfianza.

También la alineación de un torso con respeto a otro es un gran indicador de aceptación, afecto, desinterés o repudio. Casi siempre nos enfocamos en el rostro y la mirada como primer punto, pero la veracidad de las sensaciones producidas ante un hecho comunicativo se va a reflejar a través del torso.

Por esta razón, debemos aprender a prestar atención de forma primordial a esta parte del cuerpo para interpretar asertivamente la emoción que estamos causando en los demás. Por ejemplo, un torso echado hacia atrás, con codos ubicados cerca del cuerpo y dedos encogidos casi en puño indica aprensión.

2. Segundo eje: los pies

El segundo eje son los pies. Aunque pocas personas prestan atención a esta parte del cuerpo, los pies reflejan la conexión con el interlocutor. Si los pies están alineados en relación con la otra persona es una clara señal de apertura para escuchar y atender al otro. Los pies reflejan el temple, la intencionalidad, la personalidad, el estado de ánimo de un individuo.

Por el contrario, si los pies están cruzados, se mueven constantemente y las piernas están un poco ladeadas son señal de que existe una barrera con su interlocutor.

3. Tercer eje: el rostro

El tercer eje se centra en el rostro. Involucra la direccionalidad del rostro y el contacto visual. La alineación del rostro refleja la búsqueda instintiva del objeto de atención, pues los ojos necesitan encontrar la ubicación para mantener el contacto visual con ese objeto o sujeto. Cuando la cabeza está inclinada hacia delante manteniendo el contacto visual se evidencia un buen nivel de atención.

El contacto visual no solo se limita a mirar con atención al interlocutor, sino que incluye otras acciones como mirar mientras se habla y se escucha, la frecuencia de las miradas, los patrones de fijación, la dilatación de las pupilas y la frecuencia del parpadeo. La manera en que se mira comunica al máximo. ¿Asientes con tu rostro mientras escuchas? Asentir comunica interés, atención y empatía con el mensaje que se recibe.

De esta manera, una mirada puede reflejar ternura, aceptación, decepción o desprecio. En líneas generales, al momento de dirigirte a un cliente debes tener presente que los tres ejes de atención deben estar alineados directamente hacia esa persona o público objetivo.

EL SUBSISTEMA AXIAL

El subsistema axial corresponde a la correcta utilización de los llamados satélites y digitales a la hora de transmitir un mensaje. En el campo de la kinésica se conoce como *satélites* al espacio del cuerpo correspondiente a los brazos y a las piernas, y *digitales* a los dedos de las manos.

Las extremidades superiores e inferiores fungen como instrumentos esenciales para la argumentación en un discurso. En la argumentación los gestos manuales, la postura y la inclinación de la cabeza son indispensables para apoyar el discurso; indican el interés en el tema, niveles de energía, seguridad, convicción y el nivel de atención.

De la misma forma, muestran la disposición para expresar y escuchar. Es así como la correcta utilización de los movimientos y la dirección de los brazos y manos son fundamentales al momento de comunicar. Detente por un momento y analiza los movimientos que constantemente hacen tus dedos cuando te encuentras en una situación comunicativa.

Observa si tus dedos se están moviendo, si están contraídos, relajados, si están abiertos pero están tensos. Los dedos aportan mucha información de lo que está sucediendo en la mente y en las emociones de las personas. Por otra parte, tanto la inactividad como el movimiento excesivo de los satélites y digitales pueden generar una barrera comunicativa.

La comunicación no verbal es efectiva cuando está balanceada de acuerdo a la intención comunicativa. Debe funcionar como una sinfonía perfecta en la que tu lenguaje corporal transmite lo que deseas reflejar, utilizando los satélites y ejes de atención de manera adecuada a la intencionalidad del mensaje.

TOMA VENTAJA DE LAS POSICIONES DE PODER

Conoce el poder de las posiciones expansivas. ¡Hoy es un buen día para proyectar poder y autoconfianza! Las posturas de poder responden a estrategias de comunicación no verbal que te permiten mostrar seguridad y control de una situación comunicativa.

Ocupar posiciones de poder se trata del acto de tomar una postura de *confianza*, incluso cuando te sientas inseguro, para hacerte lucir más dominante. El poder de las posiciones expansivas en brazos y pies indica fuerza, dominio y carácter. Practica en tu intimidad las diferentes posturas de poder. Recuerda, el lenguaje corporal es primitivo. Los machos y hembras líderes de las manadas ocupan espacio para comunicar poder y autoridad.

Imagina diversas situaciones comunicativas en las que deberías ponerlas a prueba, visualízate en ellas de acuerdo con la meta que deseas obtener. Realiza este ejercicio a diario y practica frente al espejo hasta hacerlo parte de tu rutina y convertirlo en un hábito que realizarás de manera inconsciente:

- Postura erguida.

- Pecho, rostro y pies alineados hacia el público.

- Postura expansiva en brazos y piernas.

- Dedos relajados y separados.

- Contacto visual.

- Sonrisa.

LA VALIOSA FUNCIÓN DEL COLOR EN LA COMUNICACIÓN NO VERBAL

La psicología del color es la ciencia que estudia la influencia que ejercen los colores en la percepción y la conducta humana de manera inconsciente. Socialmente los colores también tienen un significado; algunos colores producen calma, otros infunden poder, otros transmiten violencia y algunos inspiran esperanza o apertura.

Es sorprendente cómo el uso estratégico de los colores al vestir y decorar el ambiente que nos rodea genera información acerca de nosotros como individuos. En ocasiones, la elección inconsciente de los colores que decidimos usar responde a la manera como nos sentimos en ese momento, y no necesariamente en lo que deseamos inspirar. ¿Qué emoción deseas provocar en tu audiencia?

En la comunicación no verbal, el uso de los colores ofrece información de valor para el mensaje que consciente e inconscientemente transmites y su selección determinará lo que vas a proyectar. Por esta razón es tan importante que elijas de forma estratégica los colores de tu atuendo y espacio personal en correspondencia con la meta que deseas alcanzar. De manera general, toma en consideración lo siguiente:

- **Negro:** autoridad, poder, distancia y elegancia.

- **Blanco:** autoridad, transparencia, honestidad, nuevos comienzos.

- **Rojo:** energía alta, peligro, pasión, acción y productividad.

- **Naranja:** creatividad y alegría.

- **Amarillo:** alegría, esperanza.

- **Verde:** vida, salud, naturaleza, prosperidad.

- **Azul:** credibilidad, autoridad, confianza.

- **Violeta:** lujo, estatus, confort, relajación.

- **Marrón:** neutralidad, tierra, naturaleza, formalidad.

- **Gris:** elegancia, tristeza, imparcialidad, conservación.

CONQUISTAR EL RETO DE LAS VIDEOCONFERENCIAS

¿Cómo aplicar todo lo referente a la comunicación no verbal al entorno digital? A partir de la pandemia del COVID-19 y sus sucesivas variantes, se ha producido una gran expansión de las redes sociales, tales como Facebook, Instagram, Skype, Zoom, llamadas y videollamadas por WhatsApp o GoogleMeet, entre otras.

En el futuro la comunicación a nivel empresarial será a través de las videoconferencias, pues generan mayor ahorro de costo y tiempo que una conferencia presencial; sin embargo, este aspecto tiene sus retos, puesto que si no es bien manejado puede ser totalmente contraproducente para las metas que haya establecido una empresa.

De ahí que las distintas variables de la comunicación no verbal sean elementos claves para sacar el mejor provecho de las redes sociales. A pesar de la gran influencia que han ejercido las redes sociales en la manera como nos comunicamos actualmente, muchas personas aún presentan emociones de miedo o incomodidad frente a una cámara de video.

Otras personas le otorgan poca importancia a lo que transmiten a través de la cámara, considerándola solo como un instrumento informal de comunicación. No obstante, el tema de encender la cámara y transmitir a través de las variables de la comunicación no verbal la formalidad que una videoconferencia merece, tiene gran influencia en los campos profesional, laboral y empresarial. Recuerda que eres una marca y que #todocomunica.

ESTRATEGIAS DE COMUNICACIÓN NO VERBAL PARA VIDEOCONFERENCIAS

Estamos en la cúspide de una sociedad globalizada en la que lo personal se ha convertido en objeto público, y las redes sociales nos han permitido comunicarnos de manera remota en casi cualquier lugar. En este sentido, el aspecto laboral ha sido llevado a espacios muy personales, por lo que es necesario adecuarnos a ello.

Reconozco que no todas las personas se sienten cómodas al momento de enfrentar una cámara de video porque la proyección en primer plano puede hacerlas sentir un poco expuestas o vulnerables. Ese miedo escénico posiblemente se deba a factores intrínsecos de nuestro instinto de preservación, que nos lleva a proteger nuestro espacio personal.

Aunque es una reacción natural puede manejarse exitosamente con el entrenamiento adecuado. Te invito a considerar las siguientes variables y establecer un plan estratégico de comunicación antes de participar en a una videoconferencia:

1. **Lugar:** es necesario escoger un lugar de trabajo dentro del hogar y organizarlo de manera que le aporte formalidad al momento de abordar tareas profesionales. Ten en cuenta que cuando enciendas la cámara estarás comunicando la experiencia de la marca que representas.

2. **Ambiente:** debes adecuar el ambiente en el que se desarrollará tu videoconferencia de manera que sea un lugar apacible, acogedor, con iluminación y temperatura óptimas, que no posea distractores visuales como espejos y ventanas que le resten protagonismo al mensaje que se desea transmitir.

3. **Iluminación:** es un aspecto esencial que considerar. A veces usamos un espacio inadecuado que genera sombras en nuestra cámara, haciendo que se perciban muy poco los detalles que se transmiten a través del lenguaje corporal, las microexpresiones faciales y las variables de comunicación no verbal. Es necesario un espacio bien iluminado, de ser posible adquirir equipos lumínicos que garanticen la claridad y nitidez de la imagen a proyectar.

4. **Conexión:** es imprescindible que antes de realizar o asistir a una videoconferencia procures tener acceso a una buena conectividad de Internet, a fin de garantizar el acceso ininterrumpido a la misma. No hay segundas oportunidades para una primera impresión con tu cliente, ya sea presencial o digital.

5. **Sonido:** es necesario que antes de asistir a una videoconferencia verifiques la calidad del sonido para recibir y enviar información de manera efectiva. Hoy en día ha proliferado el uso de micrófonos inalámbricos que garantizan una excelente calidad de sonido.

6. **Encuadre:** al momento de participar en una videoconferencia es de suma importancia que tengas presente el encuadre, atendiendo a la posición de los ojos, los cuales deben estar ubicados a la altura del lente de la cámara.

7. **El campo visual:** la cámara debe estar ubicada a una distancia que permita que se visualicen los brazos y el torso. Así podrás contextualizar el mensaje con tus satélites y digitales.

Si tienes una videoconferencia pautada para un día y hora establecidos, elige en tu hogar un lugar adecuado que garantice una excelente conectividad, una óptima iluminación y un ambiente organizado, con la formalidad que la reunión a distancia amerita. Especialmente debes escoger un espacio en el que se eviten las interrupciones.

Otra recomendación al momento de realizar una videoconferencia es que prepares de antemano una presentación que sea fácil de memorizar, a fin de que puedas apoyarte con facilidad en ella y transmitas de manera clara y sencilla la información exacta que deseas que se quede grabada en el inconsciente de tu público objetivo.

Actualmente la tecnología ofrece una amplia gama de programas, imágenes, videos, sonidos, animaciones, gráficas, paletas de colores, fuentes e infinidad de recursos digitales que te permiten diseñar presentaciones dinámicas y atractivas. Así es que no hay excusas para que tu presentación no sea realmente interesante.

Aprovecha la infinidad de recursos en videos que te ofrece YouTube relacionados con las características de tu marca, con tendencias, novedades, datos interesantes, videos inspiradores o chistosos que puedan servirte como estrategia para romper el hielo durante una presentación o videoconferencia.

Otro aspecto a considerar durante una videoconferencia es el tiempo. Está más que comprobado que los niveles de atención en las personas disminuyen y se dispersan mucho más rápido con el uso del móvil que de manera presencial. Es por ello que el tiempo de tu presentación no debe excederse de una hora.

Recuerda que para que una presentación o videoconferencia sea exitosa debes prepararte y utilizar de manera estratégica las variables de la comunicación no verbal, que le aportan fuerza y confiabilidad a tu mensaje. La comodidad de tu hogar nunca debe sacrificar la calidad de la experiencia que tu marca ofrece.

¡NO DESCUIDES TU MARCA DIGITAL!

Recuerda que la marca representa también tu imagen y la de la empresa que representas. Trabajar a distancia desde tu hogar no justifica el hecho de sacrificar el profesionalismo y la formalidad de la marca. Recuerda que la comunicación no verbal proyecta mucha más información que la que transmites verbalmente.

La pandemia ha ocasionado grandes cambios a nivel mundial en distintos ámbitos. Y aunque el campo laboral ha sufrido modificaciones y las redes sociales se han adaptado perfectamente a esas necesidades, la experiencia, calidad y confiabilidad que ofrece tu marca jamás debe desmejorar. Todo lo contrario, debes procurar fortalecerla con los años.

Hoy en día puedes ofrecer la experiencia de tu marca por las redes sociales, videollamadas o videoconferencias. El reto actual es generar en tu público objetivo emociones gratificantes que produzcan la necesidad de elegir el producto o servicio de tu marca y no de otra.

La comunicación no verbal contextualiza tu mensaje. El mayor impacto que produce el mensaje se genera a través del uso asertivo de las variables de la comunicación no verbal. El hecho de que tu audiencia pueda observar, a través de la cámara, cuando se asiente o se sonríe al expresar una frase, la postura y la soltura de las extremidades, enriquece en gran medida al momento de comunicar.

La comunicación no verbal es una de las herramientas más poderosas que puedes utilizar al momento de construir y fortalecer una marca personal. Si trazas una estrategia asertiva y alineada con tus metas, la comunicación no verbal puede ser tu mejor amiga en una videoconferencia; pero si no la trabajas con una intencionalidad puede convertirse en tu peor enemiga.

EL COMUNICADOR PERFECTO, ¿NACE O SE HACE?

La respuesta es ambas. Muchas personas nacen con destrezas innatas de comunicación, otras aprenden a través del modelaje y otras se adiestran y toman control de sus metas, como tú. Comparto las características que distinguen al comunicador 10 y cómo incorporarlas en tu día a día:

- **Es una figura de autoridad:** comunica tus años de experiencia, práctica y grados académicos.

- **Proyecta credibilidad:** comunica tus argumentos con números, data y estadísticas basadas en fuentes confiables y verificables.

- **Es cercano y carismático:** saluda, llama al entrevistador por su nombre, agradece la oportunidad, sonríe. Haz *siempre* contacto visual con tu audiencia.

- **Habla con candidez:** escoge palabras sencillas y fáciles de entender para tu público. Reconoce con humildad cuando no tienes la respuesta o cuando no haya respuesta objetiva a una pregunta. Utiliza ejemplos de la cotidianidad para reforzar argumentos.

- **Educador por naturaleza:** toma tiempo para contestar con calma cada pregunta recibida, teniendo siempre en cuenta el tiempo del medio —TV, radio, prensa, *Podcast*.

- **Liderazgo:** si quieres proyectar liderazgo señala, por ejemplo, imágenes mientras haces una presentación. Los machos y hembras alfa de la manada son siempre los llamados a mostrar el camino a seguir.

- **Muestra su lado vulnerable:** sé empático(a), muestra tus sentimientos.

- Asume responsabilidad por sus decisiones y ofrece soluciones.

- Utiliza la cámara a su favor.

- **Viste colores neutros sin estampados:** el protagonista siempre es el mensaje.

- **Proyecta imparcialidad:** no adules ni critiques el cien por ciento de las veces a tu competencia.

HERRAMIENTAS EFECTIVAS PARA LA TRANSMISIÓN DEL CONTENIDO

De acuerdo con todo lo que tú y yo aprendimos juntos durante este fantástico recorrido, cito las palabras del empresario, autor y orador motivacional estadounidense Jim Rohn, quien expresa: «Toma ventaja de cada oportunidad para practicar tus habilidades comunicativas, para que cuando surjan ocasiones importantes tengas el don, el estilo, la nitidez, la claridad y las emociones de impactar a otra gente».

Recuerda el eslogan de mi *hashtag* #TodoComunica. Más que dominar un tema, aprende a comunicar y a conectar con tu audiencia. ¡Atrévete a dejar huella!:

- Al momento de comunicar escoge un mensaje que sea memorable y se quede en la mente y el corazón de tu audiencia. Crea mensajes claves que sean fáciles de recordar. Repite esas palabras claves mínimo tres veces durante tu presentación.
- Si vas a hacer una presentación, mi recomendación como estratega es que utilices una pantalla LED con visuales y gráficas para hacer más interesante y fácil de entender el contenido que vas a transmitir.
- Diseña una estrategia de comunicación, si es una presentación o videoconferencia.
- Elige el canal para comunicar que conecte más con tu audiencia: videos, fotos, textos, animaciones.
- Al realizar una videoconferencia no lo hagas a la ligera, prepárate de antemano. Diseña tu estrategia cuidando aspectos como el lugar, los recursos tecnológicos, el ambiente, la iluminación, el sonido, la conexión, el encuadre y el contexto visual, en el que los ojos deben estar a la altura del lente y el campo visual debe permitir que se vean los brazos para poder argumentar el mensaje.
- Cuida tu apariencia, viste de manera formal, que represente tu marca. Si tu meta es transmitir y proyectar confianza, además de ser la máxima autoridad, entonces la formalidad es importante. La forma en que te vistes para un evento demuestra cuánto valoras a tu público objetivo.

- Como recomendación te señalo que es mejor evitar los espejos detrás de ti en una videoconferencia.
- El protagonista siempre es el mensaje. Usa colores neutros sin estampados. No te coloques muchos accesorios y utiliza un maquillaje natural. Ojo caballeros con la creatividad de las corbatas.
- El color de tu vestuario también transmite un mensaje. Debes procurar que los colores que uses reflejen esperanza, apertura, acción y soluciones. Por ejemplo, gris y negro muestran sobriedad, pero en exceso muestran desesperanza. El color rosado es una mezcla de energía —rojo— y pureza —blanco—. Viste con estrategia de acuerdo a tu meta del día y al interés de tu público objetivo. ¿Qué comunican los colores de tu ropa? ¿Cuál es el color que más utilizas al vestir?
- Mantén el contacto visual. Cuando mantenemos contacto visual con nuestra audiencia comunicamos seguridad y control del contenido que manejamos. La ausencia o descuido de esta variable transmite lo contrario.
- Sonríe constantemente. Cuando sonríes y haces contacto visual mientras comunicas vas provocando emociones positivas en el receptor de tu mensaje.
- Utiliza las manos y muéstralas abiertas a tu audiencia.
- Mantén una postura erguida. La postura nos dice mucho sobre las emociones de las personas. La comunicación no verbal es primitiva y responde al instinto de supervivencia. ¡Muestra tus órganos vitales a la manada!
- Charla en público con naturalidad y seguridad.
- Tu voz representa el treinta y ocho por ciento del impacto de un mensaje. Juega con el tono de tu voz, aumenta, disminuye, pausa. Permanece atento a los recursos de tu voz: timbre, velocidad, tono, silencios,

inflexiones, emoción. Utilizar un mismo tono de voz durante toda una conferencia hará sumamente difícil para tu público mantener la atención.

- Atento a las microexpresiones faciales.
- Presta atención a los ángulos del cuerpo.
- Presta atención a tus movimientos.
- Si vas a una entrevista frente a cámaras y debes estar sentado, esta es la recomendación ideal: siéntate en el borde del asiento para que mantengas una postura erguida, la que a su vez comunicará atención, seguridad, energía e interés.
- Utiliza la semiótica para conectar con tu audiencia. La simbología en los accesorios que llevamos en nuestra ropa y el uso de emblemas integrados en nuestro atuendo tiene muchos significados, como sentido de pertenencia y estatus. Proyecta formalidad e institucionalidad al mensaje que se comunica, ya sea a través de una foto o video.

¡Ya tienes la llave y el conocimiento!

¡Sal hoy a conquistar el mundo, una posición y estrategia a la vez!

Escanea este código para disfrutar
del material audiovisual del capítulo.

CAPÍTULO VI

¡DE LA TEORÍA A
LA ACCIÓN!

La comunicación funciona para
aquellos que la trabajan.

John Powell
Compositor, director de orquesta
y productor discográfico.

LA COMUNICACIÓN NUNCA SERÁ UN ACTO GENÉRICO

Juntos hemos recorrido un fascinante camino para desvelar todos los aspectos inherentes a la acción de comunicar. No es lo mismo comunicarte en tu entorno familiar que dirigirte a un público objetivo. Como ya indiqué, comunicar es mucho más que hablar o memorizar contenido y verbalizarlo. Es un complejo proceso que involucra una gran dosis de intencionalidad.

Estoy segura que durante el recorrido por cada una de estas páginas en tu mente se ha generado una maravillosa lluvia de nuevas ideas. Has explorado tus metas, visión, misión, quiénes podrían integrar tu público objetivo interno o externo, y has pensado en cómo crear tu avatar. Estás perfilando una posible estrategia para conectar con tus clientes.

Ahora te encuentras en el camino correcto para comunicarte de forma efectiva y lograr conectar exitosamente con tu audiencia. Es el momento para que tomes el control de tu proyecto de vida y te atrevas a dar el paso que te permitirá transformarte en una versión empoderada de ti y mejorar tus relaciones tanto interpersonales como profesionales.

¡Te garantizo que sí se puede! Recuerda, todo lo que te rodea encierra una situación comunicativa, #TodoComunica. Por esta razón, es de suma importancia hacerlo con estrategia con el propósito de alcanzar tu meta y conectar asertivamente con tus clientes.

Pero aún más importante es recalcar que tu avatar de cliente es la clave que te permitirá definir la forma, recursos, canales y lenguaje de tu estrategia de comunicación. Por eso, tómate el tiempo necesario para estudiarlo. El producto/servicio que ofreces debe estar dirigido a las características de tu cliente objetivo.

En ocasiones sucede que los intereses y condiciones de esa audiencia cambian con el tiempo. Por eso la exploración de las necesidades de tu público objetivo debe ser permanente. Procura que las características del producto/servicio y la experiencia que ofrezcas se encuentre al nivel de las expectativas de tu mercado meta.

Otra situación que puede ocurrir es que debas escoger o añadir un nuevo público objetivo que resulte favorable para el retorno de tu inversión. Ha sucedido que una marca anteriormente se adaptaba a las necesidades de una determinada generación. Sin embargo, en la actualidad sus ventas ya no generan los resultados esperados a nivel financiero.

Estos cambios naturales en el ciclo del comportamiento del consumidor nos impulsan a buscar nuevos clientes potenciales, cuyas características generacionales, fuentes de ingreso y estabilidad económica permitan obtener ganancias. Para ello es indispensable que hagas un estudio del mercado y un balance costo-beneficio a fin de que recibas de vuelta tu merecido ROI o retorno de inversión.

Todo emprendimiento o intraemprendimiento se realiza con el propósito de obtener un retorno de inversión que se traduzca en beneficios para tu marca comercial o personal. Por eso, la exploración de tus clientes debe ser una actividad permanente para redirigir tu estrategia comunicativa a sus características generacionales, bien sean *millennials, boomers*, X o Z. Todo producto o servicio tiene su público, ¡encuentra el tuyo! Mi abuela solía decir: «El que mucho abarca poco aprieta». Si les quieres llegar a todo el mundo terminarás conectando con nadie.

Al momento de diseñar tu nueva estrategia debes tener presente los siguientes aspectos: escoger los canales que te permitan permanecer en contacto con tu audiencia; usar un lenguaje que conecte con los intereses generacionales de tu público; elegir un eslogan, imagen y colores para el diseño del logo de tu marca personal y comercial que inspiren confianza, fortaleza y sean atractivos para tus clientes.

Recuerda, como emprendedor(a) el ROI —retorno de inversión— es el concepto que realmente debe mover a tu marca y producto. Cabe destacar que el retorno de inversión no siempre es monetario, puede traducirse en la consolidación y posicionamiento de tu marca o en el reconocimiento y valoración de tu producto. Todo va a depender, en esencia, de tu estrategia de comunicación.

El estilo de comunicación con el que decides conversar con tus clientes definirá el futuro de tu marca, producto/servicio, porque ella dependerá de si logras conectar o no con tu público objetivo.

Tienes dos opciones, seguir comunicándote «orgánicamente» o comenzar a hacerlo con estrategia. ¡La decisión es tuya! Ya no esperes que el destino o las circunstancias decidan por ti.

Todos tenemos la capacidad innata de convertirnos en excelentes comunicadores. La diferencia radica en la estrategia que emplees para hacerlo. ¡El tiempo es oro! Cada instante que se te presenta en la vida es una nueva oportunidad para que comiences a comunicarte de manera asertiva, ¡aprovéchalos al máximo!

La gran mayoría de las personas no se comunican con eficiencia por una poderosa razón, el miedo. El miedo es un instinto de protección innato. Es normal que sientas miedo, es una respuesta inevitable que experimentas cuando te enfrentas a situaciones desconocidas porque aflora el instinto de preservación y seguridad.

Mi recomendación: *¡cree en ti!* Sal de tu zona de *confort* y toma el riesgo. ¡Atrévete, lánzate! Así tengas miedo o estés temblando por dentro. Date la oportunidad, la práctica hace al maestro. Está en tus genes, naciste con todas las habilidades innatas que te permiten comunicar exitosamente.

¡Arriésgate! Cito una frase de la grandiosa empresaria y mujer de éxito Estée Lauder: «La toma de riesgos es la piedra angular de los imperios». Nunca dejarás de tener miedo, lo importante es no dejarte dominar por ellos y dejar salir los dones y habilidades que están dentro de ti para comunicarte con eficiencia. ¡Es hora de que empieces a proyectar y comunicar al mundo tu verdadera imagen!

EJERCICIOS GUIADOS

1. Crear diferentes avatares

En páginas anteriores te he señalado la importancia de definir estratégicamente tu marca. Para ello te recomiendo crear distintos tipos de avatares que te permitan diseñar la imagen que realmente refleje quién eres, la forma como deseas que las personas te vean y la experiencia que ofrece tu marca. Una vez elegido cada uno de tus avatares puedes presentarlos a un grupo focal orgánico para validar tu propuesta.

Si deseas presentar varios modelos de avatares a tu grupo focal, la tecnología pone a tu disposición infinidad de recursos digitales como páginas web y aplicaciones que te permitirán asignarle un rostro, estilo y personalidad a un avatar. A continuación te mencionaré algunas de ellas a fin de que te animes a crear magníficos avatares:

» Bitmoji

» Zepetto

» Mirror

» Avatoon

» SuperMe

» Gboard

» Facebook Avatar

» FaceQ

» Face Cam.

- **Avatar de tu público objetivo**

El primer paso es determinar con exactitud quién es tu público objetivo. Para ello, debes crear un avatar de tus posibles públicos, tanto interno como externo, a fin de que puedas identificarlos con precisión y definir las estrategias comunicativas y de *marketing* que mejor se adapten a cada uno de ellos.

Comienza por determinar su género, características físicas, personalidad, estilo de vida, condición financiera, intereses, necesidades y a qué generación pertenece. La idea es que describas el grupo de personas cuyas particularidades se ajustan a lo que tu producto/servicio puede proveerles.

- **Avatar de tu marca**

Ahora, debes crear un avatar de tu marca que muestre exactamente la personalidad que quieres reflejar, si es alegre, divertida, chistosa, elegante, refinada, a la moda o más natural. La idea es que tu avatar transmita a tu público la experiencia que les ofreces a fin de que puedas convencerlos para que te elijan a ti y no a otra marca, producto o servicio. ¿Se alinea el avatar de tu público objetivo con el avatar de tu marca?

Piensa por un instante… ¿qué características posee tu marca que la diferencia de las demás? ¿Qué hace única a tu marca?

¿Qué cualidades y beneficios se asocian a tu marca para que las personas la elijan? ¿Qué experiencia ofreces a tu público? Dando respuesta a estas preguntas te será más fácil describir a tu avatar.

- **Avatar del logotipo**

Una vez definido tu público y tu marca, es momento de empezar con el diseño de tu logo. Ahora, volviendo a las interrogantes, te pregunto… ¿qué sensaciones transmite el logotipo de tu marca? ¿Refleja solidez y confiabilidad? ¿Proyecta visión, esperanza, progreso y abundancia? ¡Ojo con los colores y las formas!

2. Autograbaciones para el portavoz de la marca: tú

Uno de los ejercicios que más recomiendo es realizar, a modo de práctica, autograbaciones en diversos contextos con la intención de que pierdas el temor a comunicarte frente al público o cuando te enfrentas a una cámara. Para ello, te planteo dos posibles escenarios:

- **Durante una videoconferencia**

Es un escenario donde se debe grabar dentro de una plataforma virtual. Grábate dando una videoconferencia durante una sesión de Zoom, Google Meet, u otra aplicación, a fin de verificar la adecuación de los medios digitales, tales como el encuadre de la cámara y la calidad del sonido.

Del mismo modo, debes estar atento a lo que el vestuario refleja de tu apariencia, si hiciste contacto visual con la cámara, si el contraste de colores en el ambiente es adecuado, percibir las emociones que transmites a través de las microexpresiones faciales a fin de que puedas evaluarte y mejorar constantemente.

- **Durante una presentación o conferencia**

Este escenario contempla grabarte simulando realizar una presentación de cuerpo presente ante una audiencia. A modo de prueba, se puede grabar en los espacios del hogar o del trabajo. Lo importante es que se empleen todas las estrategias de comunicación no verbal que estudiamos anteriormente.

3. Graba un juego y optimiza tu voz

Otro ejercicio que te recomiendo es grabarte narrando tu deporte favorito. Coloca el video en silencio para narrar este juego, a fin de que puedas discernir si el volumen, timbre y tono de voz es el más adecuado para captar la atención de tu público objetivo y percibir la carga emotiva que proyecta tu narración.

Al final del día lo que cuenta son las sensaciones que generes a partir de la manera como te comunicas. Traza tu estrategia comunicativa en función de la emoción que desees causar en tu audiencia. En palabras de la famosa escritora, poeta, bailarina, actriz, cantante y activista, Maya Angelou: «La gente olvidará lo que dijiste, olvidará lo que hiciste, pero nunca olvidará *cómo la hiciste sentir*».

De la misma manera, puedes volver a escuchar tus notas de voz antes de enviarlas para verificar si realmente proyectas lo que deseas transmitir. Tú eres tu mejor y más hábil evaluador. Somos siempre un trabajo en progreso. Nuestras destrezas se encuentran en construcción al poner en práctica esas habilidades comunicativas que son innatas.

Cada paso cuenta, si la grabación que hayas hecho hoy ha sido mejor que la que realizaste ayer es evidente que vas progresando. ¡Celébralo! La práctica constante te llevará al éxito. Aunque somos conscientes de que la perfección no existe, sí es posible ser un excelente comunicador.

Con solo la simple lectura de uno o de miles de manuales de comunicación no te harás un buen comunicador. Todo dependerá del uso que hagas de tus habilidades comunicativas, de tu motivación, de tu constancia y persistencia por alcanzar tus objetivos. Se llega a la meta no con el deseo, sino con la acción. Recuerda, ¡la práctica hace al maestro!

Deseo recalcarte esta frase, repítela a diario hasta que quede grabada en tu inconsciente y sea la brújula que guíe el rumbo de tu vida: «Aprende a no perseguir la perfección, sino la excelencia». En ocasiones somos muy tolerantes con los demás y demasiado exigentes con nosotros mismos al juzgarnos con dureza por el simple hecho de equivocarnos.

Errar es parte importante del aprendizaje. Es así como debes dejar de castigarte y de autosabotear tu progreso. Valora el avance que hayas logrado alcanzar disfrutando y celebrando un paso a la vez. Te invito a darte la oportunidad de mostrar tus habilidades.

¡No lo olvides, eres un diamante que necesita ser pulido hasta reflejar todo su brillo y esplendor! Cuando estés desanimado(a) solo busca mi nombre en Google y verás en mis primeros videos que me tomó mucha práctica ser una comunicadora que conecta.

4. Crear un perfil de LinkedIn, es la vitrina de los profesionales exitosos

Esta estrategia te permitirá comunicarte con una amplia audiencia aunque no estés presente de forma física o virtual. Mientras proyectes tu imagen de la manera menos genérica posible, más cerca estarás del éxito. Si deseas conectar con tu público objetivo a través de LinkedIn es esencial que trabajes la imagen que proyectas.

Para empezar, diseña de manera estratégica la imagen de tu portada. Tanto la foto de perfil como la imagen del *banner* superior en LinkedIn te definen y comunican quién eres, tu profesión, trayectoria, hacia dónde vas, tus valores y personalidad. Tómate el tiempo necesario para elegir la más adecuada.

Muchas personas prefieren usar fotografías tipo *selfies*. Sin embargo, este tipo de autorretratos tan informales no coinciden con la intención que deseas comunicar a través de tu imagen. Recuerda, eres una marca. *La calidad de tu perfil en LinkedIn refleja la calidad del producto/servicio que ofreces.* Por ello, te recomiendo que contrates un fotógrafo profesional.

De esta forma, tu imagen será de calidad atendiendo a los detalles estéticos de contraste, contraluz, cuadrícula, simetría e iluminación. De hecho, un profesional puede agregar algunos efectos especiales y artísticos para darle mayor carácter. Olvida la foto genérica con la pared blanca, el traje clásico y un rostro inexpresivo. ¡Eso no genera curiosidad, interés o emoción!

Otro aspecto que debes considerar es optar por tomarte fotos de cuerpo entero o medio cuerpo, atendiendo a los ejes de atención y a las posiciones expansivas de poder. Tu imagen corporal debe reflejar apertura, con un rostro sonriente que transmita confianza, cercanía y autenticidad. La foto de portada del *banner* superior siempre debe asociarse con tu labor profesional.

Tanto tu foto de perfil como la imagen de portada deben reflejar tu identidad personal y profesional, además de transmitir un sentimiento o emoción que enganche con la audiencia. La elección correcta de tu imagen es un elemento fundamental para tener éxito en LinkedIn.

Proyectar compromiso y credibilidad son factores claves. La mayor parte de tus clientes jamás te conocerán personalmente, dependes de la imagen que proyectas en tus canales de comunicación.

Por otra parte, te recomiendo agregar un pensamiento o frase motivadora de algún autor reconocido que te identifique. También puedes incorporar el eslogan de tu marca. Además de esto, debes asegurarte de que todos los datos de tu identidad sean reales y estén registrados de forma correcta.

Aprovecha los espacios que te ofrece LinkedIn para brindar a tu público toda la información acerca de ti y de lo que haces, tu identidad como marca. Transcribe de forma explícita los datos que te definen de forma más amplia, tales como tu nivel académico, desempeño profesional, tus habilidades, destrezas, experiencia laboral, reconocimientos, galardones, visión, metas y proyectos.

Como ejemplo, visualiza por un momento la portada y perfil de un arquitecto de éxito. Su foto de perfil ha sido tomada de cuerpo entero, en primer plano, con un elegante traje que contrasta con el hermoso paisaje de fondo, la Torre Eiffel. Su torso se encuentra erguido, brazos y piernas alineados hacia el frente en posición expansiva tipo Superman.

Su rostro se muestra con una enorme sonrisa que contagia y transmite alegría, su mirada conecta con la cámara reflejando seguridad. La foto de su portada presenta una atractiva galería de imágenes de algunos de sus mejores trabajos y piezas arquitectónicas, incluyendo en ella una frase inspiradora que proyecta fuerza y poder.

Recuerda, evita lo genérico. Debes marcar la diferencia en lo que haces comunicando inteligentemente quién eres, los elementos que hacen única tu marca, el valor del producto/ servicio que ofreces y los argumentos que te muestran como la elección ideal. Por esto, el perfil de esta plataforma no puede tomarse a la ligera.

Mi definición favorita de comunicar es *hacer partícipe al otro de lo que se tiene dentro*. Por esta razón debo preguntarte, ¿tu perfil de LinkedIn te representa? ¿Refleja realmente quién eres? ¿Muestra tus talentos y habilidades? ¿Comunica tu experiencia, trayectoria, pasión, responsabilidad y compromiso profesional? ¿Expresa tu preparación académica?

LinkedIn tiene como función comunicar quién eres a nivel profesional y presentar los servicios que ofreces. Es una excelente oportunidad para consolidar tu negocio y proyectar la imagen de tu marca, tanto personal como comercial. Si lo diseñas de manera asertiva te permitirá conectar con tu audiencia y lograr el posicionamiento de tu marca.

5. Crea una *Fanpage*

La *fanpage* o página de fanes fue creada a partir de la plataforma de Facebook con el fin de entretener, liberar el estrés, divertirse y ponerse al día con sus novedades. Los aspectos técnicos y profesionales de tu marca deben abordarse en plataformas con una dinámica más formal, como LinkedIn.

En la *fanpage* de Facebook puedes tratar aspectos asociados a la imagen de tu marca personal y comercial de forma más libre. Una *fanpage* nunca debe ser aburrida y su clave es la creatividad. Si deseas que la *fanpage* de tu empresa o negocio sea atrayente tienes dos opciones, hacerlo por cuenta propia o apoyarte en expertos.

Personalmente, te recomiendo contratar los servicios de un diseñador gráfico y de un profesional del *marketing* digital para que diseñen de manera estratégica la información que publicarás diariamente en ella. Crear por cuenta propia el contenido para redes sociales es todo un reto, especialmente cuando no tienes el presupuesto para asesorarte con un experto en la materia.

De ser tu caso, puedes optar por buscar información en línea que te permita informarte sobre el tema. También puedes pedir la colaboración de personas para que te tomen algunas fotos mientras estás en acción a fin de que puedas compartirlas en tu página para realzar la labor que realizas y fortalecer tu marca.

Por otra parte, es recomendable que publiques diariamente en tu *fanpage* contenido de valor atractivo para que logres captar la atención de tu público objetivo, con datos interesantes relacionados con el producto o servicio que ofreces y utilizando títulos de enganche tales como «Sabías que», «El *top* 5», «Los 3 más», «Nuevas tendencias», entre otros.

De igual forma, te recomiendo crear un calendario para que organices intencionalmente tus publicaciones y compartir a diario contenidos con temas variados asociados a tu marca. Por ejemplo, los jueves puedes compartir imágenes y videos de tus servicios por Facebook Live, los martes publicar *tips* con la frase de enganche «Sabías que», los sábados dedicarlos a las tendencias, los viernes a los testimonios, y así sucesivamente.

Aunque no seas experto puedes valerte de tu capacidad para generar nuevas ideas. Las personas valoran el tiempo que inviertes en ellas. Atiende a tu público objetivo publicando diariamente contenido de valor en tu *fanpage*. Puedes apoyarte compartiendo videos recreativos, motivacionales, curiosidades y tutoriales relacionados con el servicio que ofreces.

Para ello, debes procurar tener acceso al equipo tecnológico adecuado que te permita tomar fotos, grabar audios y videos de alta resolución para garantizar la calidad del contenido a compartir. Las opciones de publicación de una *fanpage* son tan amplias que se adaptan fácilmente al contenido de una empresa, marca, o profesión.

Una *fanpage* de Facebook no es lo mismo que un perfil. Como empresa no puedes cometer el error de usar tu perfil personal de Facebook para hacer *marketing* de tus productos/servicios. Muchos cometen este error alegando que con un perfil personal pueden solicitar amistad, mientras que con la *fanpage* dependen de la elección de los usuarios al marcar «me gusta» en su página.

Sin embargo, no toman en consideración el riesgo latente que tienen de perder su cuenta, porque Facebook establece claramente en sus términos legales de uso del servicio que cada persona debe tener un solo perfil de carácter personal y no comercial. Es así como el perfil que trabajaron durante mucho tiempo solicitando la amistad de posibles clientes, puede que sea eliminado en cualquier momento y lo pierdan todo.

Por otra parte, una *fanpage* ofrece una serie de beneficios para la proyección de tu empresa y el posicionamiento de tu marca que un perfil no posee. A continuación se mencionan algunos de ellos:

- Aumentar el número de fans. Por medio de una fanpage tienes la opción de atraer clientes y aumentar la cantidad de seguidores al crear promociones y sorteos.

- Sin límites de conexiones. Una página de *fans* para empresas está diseñada sin ningún tipo de límites en la cantidad de seguidores, ampliando los horizontes de tu negocio.

- Que otros promocionen tu página. Tus seguidores y otras *fanpages* pueden promocionar públicamente tu página a través de las menciones, aunque no estén en tu lista de seguidores. Mientras más menciones se hagan de tu página aumenta el interés y la interacción de tus fanes, interactúas con otras páginas y captas nuevos seguidores.

- Ofrece datos estadísticos relacionados con tu página. Una *fanpage* te ofrece la facilidad de obtener datos estadísticos relacionados con tu negocio, tales como número de videos vistos, porcentaje de visitas a tu página, impacto de las publicaciones por la cantidad de comentarios generados, entre otros.

- Envía clientes potenciales a tu local comercial. Esto es posible gracias a una herramienta llamada Check-In. Tus seguidores tienen la libertad de mencionar la ubicación de tu tienda física haciendo un *check-in* para indicar que se encuentran allí, promocionando así tu marca.

- Diseño libre. La página de fanes te permite organizar el contenido que deseas presentar a tus seguidores de forma personalizada. Tienes la libertad de incorporar pestañas para realizar foros, comentarios, visualizar la galería de fotos, compartir videos, invitaciones a eventos, ofertas y promociones de tu producto/servicio, curiosidades, entre otros.

- Impulsar tus publicaciones a través de páginas de anunciantes.

- Conocer las personas que se encuentran físicamente más cercanas a tu empresa a través de la activación de la ubicación, de tu empresa y la de tus seguidores.

- Aumenta el número de participantes en un evento que organices promocionándolo a través del contenido que compartes.

Aparte de LinkedIn y la *fanpage* de Facebook, hoy en día disponemos de una infinidad de medios digitales que te permiten presentar tu marca a una audiencia cada vez más amplia. Estas son las redes sociales. Gracias a ellas puedes promocionar tu producto/servicio, proyectar la imagen de tus marcas —personal y comercial—, y maximizar el número de clientes potenciales.

Entre estas se destacan YouTube, Instagram-IGTV, Twitter, TikTok, WhatsApp, Zoom, todas las herramientas de Google, entre otras. Estas son solo algunas opciones de las más utilizadas en la actualidad. Puedes elegir otras de acuerdo con la naturaleza de tu marca y a los canales por los cuales se inclina tu público objetivo.

Las redes sociales se han hecho tan importantes en la vida cotidiana que ningún emprendimiento, trabajador o profesional debe prescindir de ellas. De hecho, muchas empresas de contratación y empleo visualizan el perfil de los candidatos antes de decidir si los emplean o no. Tus redes sociales dicen mucho de ti y del valor que le aportas a la empresa.

PASOS PARA CREAR UNA *FANPAGE* EN FACEBOOK

1. Accede con el link http://www.facebook.com/pages/create.php

2. Elige el estilo de la *fanpage* que deseas crear acorde a la naturaleza de tu marca.

3. Escoge una de las subcategorías que mejor se adecúe al producto/servicio que ofreces.

4. Identifica tu *fanpage* asignándole un nombre.

Mi recomendación final es que no esperes a tener la urgencia para empezar a crear tu marca. Es mucho más difícil empezar aprisa desde cero que ir aprendiendo, creciendo y fortaleciendo tu imagen progresivamente. Utiliza todas las estrategias, recursos y ejercicios que te permitan disfrutar la experiencia de posicionarte como marca.

FRASES COMUNICATIVAS EFECTIVAS Y ASERTIVAS PARA LA RESOLUCIÓN DE CONFLICTOS

Practica tus habilidades de comunicación verbal y no verbal con frecuencia hasta lograr comunicarte de manera estratégica. Aprende a causar impacto en un entorno que sea favorable para ti y tu marca, tomando en consideración las siguientes frases que te permitirán responder de forma asertiva ante situaciones conflictivas dentro y fuera de las redes sociales, siempre contesta:

*   «Gracias por su sugerencia. Lo tendré en cuenta».

*   «Discúlpeme si no me hice entender».

*   «¿Podría darme más información para que pueda entender lo que intenta decirme?».

- «Creo que entiendo lo que está diciendo, pero estoy en desacuerdo por».

- «Por favor, indíqueme cuándo es un buen momento para conversar sobre una situación que me ha estado incomodando».

- «Lo pensaré y le responderé luego».

- «Honestamente no lo sé. ¿Le importa si lo pienso un rato?».

- «Esto es tan importante, y no puedo darle el tiempo que se merece ahora mismo. ¿Podemos acordar una cita para hablar?».

Recuerda que el silencio antes una queja u observación también es una respuesta.

CÓDIGO E.C.D.R.A INFALIBLE PARA RESPONDER CON ÉXITO A QUEJAS O INSATISFACCIÓN DE CLIENTES

Este código se fundamenta en sus siglas, «E» de escucha activa, «C» de crear empatía, «D» de disculpa, «R» de responder y «A» de agradecer. Puedes utilizarlo como una estrategia sencilla y efectiva para resolver conflictos tanto con tus clientes internos como externos. Para aplicarlo te sugiero considerar las siguientes recomendaciones:

- **E**scucha activamente. ¿Puedes explicarme detenidamente la situación? Quiero escuchar tu historia con atención.

- **C**rea empatía. Puedo ver/escuchar que estás molesto. Te entiendo. Comprendo por qué estás así.

- **D**isculpa. Lamento que te sientas así. No fue mi intención.

- **R**esponde a la situación. ¿Qué puedo hacer para ayudar? Esto es lo que puedo hacer…

- **A**gradece. Gracias por tomar de tu tiempo para hablarme de esta situación. ¿Hay algo más que pueda hacer por ti?

Llegamos al final del camino, por ahora… Es tu turno de comprometerte contigo y poner en práctica las herramientas, estrategias, recursos y ejercicios que te he compartido para que aprendas a comunicarte asertivamente con los demás y generar un impacto positivo que te permita conectar con tu audiencia.

Decídete a tomar el control de lo que transmites. Te aseguro que tu vida se transformará a tu favor. A partir de hoy diseña la estrategia comunicativa que te permitirá fortalecer tus relaciones interpersonales, mejorar la percepción que otros tienen de ti, impulsar tu marca y catapultarte al éxito. ¡No puedo esperar para escuchar tu historia de autorrealización comunicando lo que amas!

Recuerda, **#TodoComunica**.

Soy Vanessa Marzán Toro, ¡tu nueva asesora personal en comunicación estratégica!

Siempre a un correo electrónico de distancia:
vmarzan@comm4success.com

YouTube: Vanessa Marzán Comunicación Estratégica.

Escanea este código para disfrutar
del material audiovisual del capítulo.

CONCLUSIÓN

Comunicar es una habilidad que está grabada en nuestro ADN. Todos nacimos con las herramientas necesarias que nos permiten interactuar efectivamente con seres de nuestra especie. Es parte de nuestra existencia, por eso siempre estamos comunicando. Para hacerlo con éxito solo necesitas retomar esas herramientas innatas y ponerlas en práctica.

Atrévete a comunicar tus sueños, metas, emociones y sentimientos. Al final del día #TodoComunica. Al momento de despertar y levantarte de tu cama, toma un tiempo para pensar con quiénes te comunicarás en el transcurso del día, qué emoción quieres generar en ese público al que te vas a dirigir, qué frase puede ser memorable para conectar con tu audiencia.

Así tus primeros pensamientos al amanecer se orientarán a comunicarte con estrategia. De ahora en adelante deja de enfocarte en *hablar* y comienza a comunicar con estrategia para conectar a través del lenguaje. Podemos comunicarnos de manera asertiva o no, pero solo logramos conectar cuando existe una relación emocional que une ambas partes. La palabra mágica es ***emoción***.

Somos seres emocionales, por eso tu estrategia debe centrarse en transmitir y generar emociones. Comunicar nunca va a pasar de moda. Somos seres tribales que necesitan socializar entre sí. Por eso, aprender a hacerlo de forma estratégica para lograr ser un excelente comunicador siempre será tu mejor inversión.

En tus manos está el poder de convertirte en esa persona que sobresale y atrae la atención de los demás por la manera como se expresa. Espero que al final de esta excitante travesía que recorrimos juntos, pongas en práctica todo lo que has aprendido en estos capítulos y puedas realizarte como comunicador(a).

Conectar al momento de comunicar no debe ser complicado para ti, solo requiere práctica y constancia para que se activen todas esas habilidades y destrezas comunicativas que posees de manera natural hasta adoptarlas de manera inconsciente. *Conectar* es sinónimo de *comunicar asertivamente.*

Comunicarte de manera asertiva es un acto que refleja libertad para expresar exactamente lo que deseas transmitir. Es proyectar con naturalidad tus ideas, inquietudes, sentimientos, sueños, necesidades o preferencias. Cuando logras conectar tus pensamientos/sentimientos con una persona o audiencia compartes lo que está dentro de tu ser. ¡La mejor experiencia del mundo!

¿Sabes que día es hoy?

¡Es el mejor día para comenzar a comunicar para el éxito!

Escanea el código para visitar
mi canal de YouTube

Made in the USA
Middletown, DE
02 September 2022